飢餓陣営せれくしょん6

「認知症七〇〇万人時代」の現場を歩く

「人生の閉じ方」入門

佐藤幹夫著

言視舎

目次

はじめに

「人生の閉じ方」を支える仕組みはできるのか?

1 「地域包括ケア」の現場を検証してみると

本書はいくつかのモチーフが、折り重ねられるようにして出来上がっているが、端的にメッセージを述べれば次のようになる。

人生の最晩年期に入った方も、これから晩年期を迎えようとしている方も、いま尽力すべきは二つ。自身の老い、衰え、病と折り合いをつけるためにこの上なく重要なツールが、「地域包括ケア」という連携チームであり、それを、自身の生活圏内に、どう作り上げていくか。

もう一つは、どう人生を閉じるか、広い意味でのその用意。そしてこの用意の重要なものの一つが、いま述べた地域包括ケアである。いわば、**「人生の閉じ方」と地域包括ケアとは、コインの表裏である。**——一〇年間、日本全国の現場を回り、先駆的な取り組みを進めている方々に取材をして、至りついた結論がこれである。

したがって、本書に何らかの特徴(特長)があるとすれば、社会的モチーフのみならず、とても個人的・実存的な動機に立っていることである。つまりは筆者自身が〝前期高齢者〟から〝後期高齢者〟に移っていく時間と、社会の高齢化の進展とが同時進行していくという、そのことがもたらす強い関心である。

現在、一〇年後、二〇年後の日本社会への不安や危惧と怒りと、そして閉塞感とが溢れかえっている。こうした将来予測的なテーマにあってはすでに膨大な数の著作が出版され、さまざまなことが言われている。

「高齢者問題」や「超高齢社会問題」における昨今のトレンドは、高齢者に今後襲いかかるだろう生活困窮であり、高い確率で予想される社会保障費の厳しい削減であり、警鐘を鳴らす著作はおそらく百を超えるのではないだろうか。

メディアには〝老後破産〟〝下層老人〟〝年金破綻〟などという言葉があふれ返っている。

さらにもうひとつ、高齢社会への対応は間違いなく重点課題ではあるのだが、もう一方に、**少子化問題と、若年層の生活困窮の深刻化**という難題があることだ。困窮高齢者への対策が、若年層の社会保障費の食い潰しの上でなされたのでは元も子もないし、逆に、若年層の社会保障の充実が、高齢者の難民化をさらに推し進めるようなことになっては、これまた元も子もない。

二つの政策課題を両立させるためには、どんな発想をとればよいのか、残念ながらこのことを本格的に論じた著作は、筆者の見るところではまだお目にかかっていない。本書にもその準備はないが、わずかではあるけれども、ここでのテーマに即した基本的な問題構成については言及している。

2. 新しい死生観のために

小さなモチーフまで含めればまだまだ挙げておきたいことはあるが、ひとまず、一般的・客観的にみたときに、**「地域包括ケアシステム」とはどのようなものか、なぜそれが必要とされるのか、**あらかじめお伝えしておきたい。

雑誌『健康保険』(健康保険組合連合会)で、次のようにまとめられていた。

《「地域包括ケアシステム」

●団塊の世代が七五歳以上となる二〇二五年を目途に、重要な要介護状態となっても住み慣れた地域で自分らしい暮らしを人生の最後まで続けることができるよう、住まい・医療・介護・予防・生活支援が一体的に提供される地域包括ケアシステムの構築を実現していきます。

●今後、認知症高齢者の増加が見込まれることから、認知症高齢者の地域での生活を支えるためにも、地域包括ケアシステムの構築が重要です。

●人口が横ばいで七五歳以上人口が急増する大都市部、七五歳以上人口増加は緩やかだが人口は減少する町村部等、高齢化の進展状況には大きな地域差が生じています。

地域包括ケアシステムは、保険者である市町村や都道府県が、地域の自主性や主体性に基づき、地域の特性に応じて作り上げていくことが必要です。》

(『健康保険』二〇一四年七月号「特集地域包括ケアの推進」より)

「地域包括ケアシステム」が、労働人口減少のなかにあって、ロスのない人的活用を目指すべきものであることと、医療費や介護保険費用の切り詰めが目標とされていることは、すでに多くの方の知るところである。右記のまとめから、国も、一〇年後、二〇年後に訪れる事態が、相当に深刻であるという認識をもっていることは、まずは読みとらなくてはならないだろう。

社会保障費（年金）の給付は年を追うごとに抑制されるだろうし、逆に医療保険、介護保険費などの支払い額は、間違いなく上昇していくだろう。従って生活困窮に悩まされる高齢層が一定程度増加するのは、多くの人が予測する通りだろうと思う。ただしここには一つの〝盲点〟のようなものがあるのではないか。

それは、〝破綻する後期高齢生活〟〝貧困老人の激増〟という将来予測が、生活スタイルや社会システム、労働（趣味）観、人生観、死生観といったものが、現状のままスライドしていった限り、という前提のもとでなされていることだ。

したがって本書のメッセージを言い換えるならば、経済成長がすべての難題を解決するという神話から、どうやって自由になるか。**従来型の上昇志向経済の発想をどう転換することができるか**、このことが果たせなければ、難題はさらに深刻化していくだろう。そしてこの発想の転換は、死生観、労働観の転換とも深く関連する。

冒頭で述べたように、「地域包括ケアシステム」の構築が本書のテーマではあるのだが、それはまた、**新しい死生観を考えてみませんか**というススメでもある。

なお本書では、地域包括ケアシステム、地域連携、地域包括ケア、と語彙が混在しているが、ほぼ同義のものとして使われている（地域丸ごとケア、という語も同様である）。厚生労働省が定義する「地域包括ケアシステム」に準じつつも、各地域にはそれぞれの特色があり、その中心となる方々の独特のニュアンスが込められている場合があり、そうした諸般事情を優先させ、あえて統一を図らなかった。

登場していただいている方々の職業・肩書等は、取材当時のまま記載している。

第1章

「認知症七〇〇万人時代」に備える地域包括ケアシステムをルポする

1　滋賀県近江市の永源寺地区　花戸貴司医師を訪ねて

看取り文化をつくった「地域丸ごとケア」

高齢者たちの安心感はどこからくるのか

花戸貴司医師と地域医療

滋賀県東近江市の永源寺地区に、〝チーム永源寺〟とともに、地域医療に取り組む花戸貴司医師を訪ねた。東名高速道路の八日市インターを降りて、西へ向かうこと三〇分。永源寺地区にたどり着く。琵琶湖の西、鈴鹿山脈の入り口にあたり、一三〇〇年代に創建された古刹・永源寺をもち、筆者たちが訪れたときは季節柄か、寺の前まで迫っている山並みから黒い雲が張り出しては消え、雪と太陽と霙が、激しく入れ替わる空模様だった。

永源寺地区は現在（取材時）、なだらかに過疎化が進み、人口五八〇〇人を切る。高齢化率は、二〇〇〇（平成一二）年当時、すでに二〇％を超え、全国平均よりも高い数字を示していた。間もなく二五％を超え、現在では三〇％超。集落によっては五〇％、六〇％を超える、いわゆる限界集落と言われる地域も少なくない。

大学を終えた後、病院の勤務医だった花戸医師が、県の職員として永源寺診療所に赴任したのは二〇〇〇年。最初は三年の義務年限を終えたら、再び大きな病院に戻ろうと考えていた。しかし抜け出せなくなった。

病院では、診断と治療が仕事のほとんど。診療所の医師は、治療だけではなく、治った後の生活の改善やリハビリなど、生活全般を診なくてはならない。さらには地域の人たちと交流し、見守りや予防、退院後に通院できなくなった人への訪問診療、最後まで在宅を望む人の看取り。やることは山のようにあった。あれもやりたい、これもやらなくてはと考えているうちに、あっという間に地域医療に引

永源寺診療所

き込まれていた。

もちろん最初からすべてが順調だったわけではない。家でどんな生活をしているのか、その不都合を改善するために、医師としてどんな助言や手当てができるのか、分からないことだらけだった。しかしここから、花戸医師は真骨頂を見せていく。

「自分が知らないところや出来ないところは、誰かに教えてもらうか、誰かと一緒に仕事をするしかないわけです。最初はヘルパーさん、ケアマネさん、訪問看護師さん、そういう人たちと一緒に、地域の人たちをどうやって支えていこうかと考えていった。それが最初です」

こうして〝チーム永源寺〟づくりに向けた取り組みが始まっていった。

「〇八（平成二〇）年からは公務員を辞め、一般の開業医と同じ立場で働いています。ぼくも、一緒に働いている職員も公務員だったので、土日は勤務できないし、九時から五時までしか働けないとか、色々な制約がありました。そこで、同じ給料を払いますからもっと自由に、一緒に働きませんかと職員を誘うと、みんな残ってくれました」

チーム永源寺について

〃チーム永源寺〃とは、永源寺地域で取り組まれている多職種連携のことである。「地域包括ケア」を、花戸医師自身は**「地域まるごとケア」**と称している。その担い手が〃チーム永源寺〃である。

それはどんなふうにして始まっていったのだろうか。

「イメージとしては、最初から、いま厚生労働省が行なっている『地域包括ケア』と同じものを持っていました。医療・介護・保健で連携をする。しかし、どうしても制度の隙間が出てくるし、行政に訴えても、できることは全国一律で決まっていますから、あまり融通を利かせることはできない。行政は行政で力を尽くしていますし、あれがない、これもしてくれ、とばかりは言っていられない」

地域に入り、交流が深まり、患者に寄り添おうとすると、医療や介護がやっていることは、とても狭い領域だと気づいていった。本当に支えになっているのは家族であり、近所の人たちであり、インフォーマル（非公式）なつながりだった。

「すべてを医療と介護で解決しようとしてもそれはできない。できないなら、どことつながればできるようになるのか」

花戸医師はそう考えた。

「地域の人たち、ご近所さん、ボランティアの人たち、買い物に困っているのであれば商工会の方。商工会も商工会で、買い物支援をやり始めていたのです。一人暮らしの方の見守りも兼ねて行ってもらえませんか、と言うと、何かあったときにはどうしたらいいんですか、と訊かれたので、診療所に連絡をください、いつでも往診に来ますから、と伝えると、安心したようでした。そんなふうに、必要な時に必要な方に声をかける。そうしているうちに、だんだん輪が広がっていったということですね」

さらに続ける。

「三年くらい前、地域のボランティアグループの人から、自分たちも地域のために何か働きたい、と言われました。社協（社会福祉協議会）を通じて活動をしていたのですが、何をやっていいのか分からないと言う。

ぼくが往診に行っている患者さんのなかに、話し相手が欲しい人、見守りが必要だという人がいるので、そんな人のために一緒にチームに入りませんか、と伝えると、できるならやります、ということになったのです。お互いに気を使い過ぎないように一回の利用料を一〇〇円と決め、グループ名を『絆』と言いますが、ボランティアさんは無償ですが『絆』に一〇〇円を支払う、という仕組みをつくったのです」

「絆」に登録しているボランティアは、四〇人から五〇人ほど。永源寺地区は山間部にも集落がある。独居の人を訪ねて話を聞いたり、おしゃべりをするくらいならできるという人、木の枝を切って欲しいとか、ちょっとした修理をしてほしい、という依頼ならやりたいという人。そんなふうにして得意分野のリストができ上がり、社会福祉協議会が事務局となって、そのコーディネートをするようになった。

チーム永源寺と情報交換の方法

資料を見ると、チーム永源寺には、〝お巡りさん〟や〝お寺さん〟といったメンバーも加わっている。

「認知症で、時々〝お散歩〟をする方がいるのですが、〝お散歩〟をして、自分の家の前で交通整理をするのです。お巡りさんには『こういう人がいます』ということをあらかじめ伝えていたのですが、近くの会社のお兄さんが、『あの人、危ない』と警察に連絡を入れたことがありました。

お巡りさんから『先生、どうしましょう』という連絡があったので、『特に交通上問題がなければ、様子を見てあげておいてください』と伝え、連行されることはなかったのです。そんなこんなで、お巡りさんもつながっています」

介護者に黙って〝お出かけ〟をする認知症高齢者をどう守るかは、家族にとっても地域にとっても、そして自治体にとっても重要課題である。第5章、大牟田市の取り組みの際に詳しく報告するが、コンビニ、ガソリンスタンド、通りすがりの人なども含め、あらゆる方策を講じて協力体制をつくっていく必要がある。

さて一方、お寺さんのほうはどうか。

「お寺さんは、看取りをした後のグリーフ・ケアや、地域で看取った後、いい看取りだった、よかったということを、お葬式や法事のときに話していただく役割です。人生の最終章に入っているとき、ぼくらだけではなかなか心を開いてくれない人でも、お寺さんに訪問してもらって話を聞いてもらうと、それで安心したというエピソードがあります」

「**臨床宗教師**」という言葉が知られるようになったのは、東日本大震災の後だったろうか。宗教者の役割が改めて見直され、宗派を超え、どうしたらもっと生きている人々にとって力となれるか、という活動が報告されてもいた。

「病院に宗教を持ち込むのは抵抗があると思うのですが、宗教者が我々のチームに入っていただくことで、地域に入って、自然にその人を支えていけると思います。医療だけでは支えきれないことがあるし、ぼくらにできないことをやっていただけるのは、すごくありがたいことです」

さて、ひとの輪が大きくなれば、コミュニケーションが課題になる。チーム永源寺の情報交換は、どんなふうになされているのだろうか。

「月に一回集まっています。医療や介護など個人情報を扱うケア会議を、サービス担当者会議と言い、それを月に一度開いています。地域の全体会議をチーム永源寺とぼくらは呼んでいるのですが、その会議も月に一回開いています。チーム永源寺はそれぞれの代表が集まるのですが、今度三月に、チーム永源寺に関わっている全員が集まろうということになりました。一〇〇人以上の規模になるのですが、とりあえずみんなで顔を合わせようということになりました」

フラットな関係であるところが、チーム永源寺のいいところだと花戸医師はいう。

「医者が偉そうにしていると、それ以上前に進んでいかないので、ぼくはどうぞどうぞと言っていますし、お願いしますと言われたら、すぐに、はい、いいですよ、と答えます。上下関係なく仕事をしています。専門的なことは専門職でないとできないのですが、隙間の部分はやれる人がやればいい。見守りも、近所の人ができるのであれば、やってもらえばいいわけです」

花戸医師は、永源寺地域に暮らして一五年以上になる。往診している患者の家族はもちろん、近所にどんな人がいて、困ったことが起きたときには近所の誰に訊ねればいいのか、だいたいのところは把握できているという。外来患者に何かあったとき、どの職種の誰に相談すればいいか、すぐにチームを組むことができる。

こんなふうにして、地域ともチームとも、顔の見える関係ができ上がっていった。

花戸貴司氏

「三方よし研究会」のことなど

滋賀県東近江市は、近江八幡市、蒲生郡など、人口二五万ほどを擁する東近江圏域に属する。その圏域では、月に一度、小串輝男医師を中心とした「三方よし研究会」が開催されていた。ケアに関連するあらゆる職種の人たちが集まる勉強会であるというが、これがいまや全国から注目を集めている（次節参照）。

「もとは脳卒中の連携パスから始まって、急性期、回復期、維持期にあってどういうつながりを持たすか、というところから始まった会議です。医療職や介護職だけではなく、色々な人が入るような設定をしたのです。病院の人は、どうしても入院から退院までしか考えない。介護の人が入ると、退院した後のことも考えるだろうし、もっと先の、家に帰ってからご飯を食べられなくなったときのこと、終末期の看取りのこと、予防に関することなど、幅広く考えることができる。そんな会です」

始まりは七年前。楽しく議論を重ねながら、すでに回を重ねること一〇〇回を超えている。全国から参加者があり、「三方よし詣で」とでもいうような盛況ぶりである。

東近江圏域の他地域でも、地域連携は推し進められている。

「愛東地域もやっているし、能登川、蒲生、小串先生のおられる五個荘、龍王町。毎月会議をひらいているのは永源寺だけですし、職種をどこまで広げているかもそれぞれ違います。地域の集まりは『三方よしジュニア』といいますが、その特色はトップダウンではなく、現場の声をできるだけ拾い上げること。そしていつも色々なところから、芽が出るようにしていることでしょうね」

「三方よし研究会」には近隣病院の地域連携室のスタッフも参加しているから、救急時の病院搬送、退院後のケアなどに関する病院と診療所の連携も可能になっている。

「病院の先生とも顔の見える関係を築いています。相談やお願いしたいことがあるとき、前おきなしで本題から入れます。向こうからも、今度在宅に帰る人がいるのでお願いします、と言われ、退院前にカンファレンスをひらいて下さい、この日が空いています、ということで、一〇分もかからないうちにすべての要件が済んでしまうのです」

ご本人を家族が支え、支える家族を近所とチームが支え、さらにそのチームを支えるもう一つ大きなネットワークがある。おそらくこのようなネットワークの重層性が、「三方よし」の最大の強みではないだろうか。

地域包括支援システムを活性化させるために

花戸医師が事務局となった、**「三方よし」のメーリングリスト**がある。筆者はありがたいことに、そのメール会員に加えさせていただいている。

そこでは会員自身の近況やら、講演会・研究会の案内やら、その感想、取り組みの様子が、ほぼ毎日ダイレクトに報告され、二週間もすると、新書一冊分くらいに相当する情報が行きかうほどである。しかもすべてが、全国の〝仕掛け人〟の方々によるとれ立てナマ情報である。

中でも驚くのは、たとえば高血圧を病みながらも降圧剤を拒否する高齢の患者さんの様子が紹介され、事態はこのように変転していったという報告がなされると、すぐに他の医師から意見や感想が加えられ（文字通り北から南から、である）、シロウトの目には、あたかも専門チームによる症例検討会の観を呈することがある。ひょっとしたら、在宅医療にあって、「高血圧（服薬拒否）―脳血管障害（疑い）──病状の急変」という事態をめぐる、もっともホットな医療情報の交流の場に、居合わせているかもしれないのである（もちろん個人情報は、しっかりと秘されている）。

おそらく、全国の〝地域包括ケアシステム〟なるものがどこまで機能するか、地域に根付くものになるか、この開放性と受容性と活性化、というあたりにカギがあるのではないか、と筆者はひそかに睨んだ。**活性化している現場は、受容性が高く、開放的である。**

「最後まで家で過ごしたい」を支えるエネルギー源

永源寺診療所の看護師は、常勤四名、非常勤が二名。訪問診療は基本的に花戸医師が担い、常勤の看護師は訪問と外来を、非常勤の看護師は主に外来を担当している。

午前中は外来をおこない、午後を訪問診療にあてている。一日あたり五〜一〇人ほど。定期的に診療をおこなっている患者は八〇名ほどだという。八〇名のうち、三分の二が月に一回。三分の一は二回以上。年齢は二歳の人工呼吸器を付けている赤ちゃんから、九九歳の高齢者までというように、年齢も疾患も幅広い。

看取りは昨年一月から一二月で三二名、その前年が二九名。永源寺地域全体で病院を含め、六〇名ほどが亡くなるといい、その半数は永源寺診療所が看取りをおこなっている。

筆者が同行させていただいたのは、七名のお宅だった。最初に、訪問順に簡単に紹介しておこう。

（1）九〇代前半の女性。重度認知症で母屋とは離れた部屋で寝たきりだった。息子のお嫁さんが介護。ご本人は毛布やシーツの毛玉をむしって食べてしまう異食が見られた。

※以下後述

（2）七〇代後半の男性。脊髄損傷と脳梗塞の後遺症で寝たきり。奥さんが介護。

（3）八〇代後半の女性。大腿骨の骨折があり歩行が不自由で、認知症も併発。息子さんと二人暮らし。

（4）九〇代後半の女性。脳出血の後遺症で寝たきりになり、在宅介護が一三年に及んでいる。息子さんのお嫁さんが介護。

（5）九〇代前半の女性。大腿骨骨折があり、認知症。お嫁さんが介護。食事が摂れなくなって、体重が少しずつ減少していた。

（6）八〇代前半の男性。若いころ屋根から落ちて脊髄損傷となり、骨折の後、下肢が不自由になった。それまでは腕だけで動いていたが、腕の力が弱くなり移動困難に。息子夫婦と孫と住む。

（7）七〇歳の男性、脳梗塞の後遺症。網膜色素変性症、視力障害。ご飯を食べるとむせることがよくある。

いうまでもなく、一〇人患者さんがいれば、一〇通りの訪問診療がある。以下、少し詳しく報告させていただこう。

（2）Aさん。七〇代後半の男性。

ビニールハウスから落ちて首の骨を折ったのが四年ほど前。その後、脳梗塞を発症。誤嚥性肺炎を引き起こしたこともあった。右半身に強い緊張が見られ、手を胸のところで強く握り縮めている。

花戸医師が「診療所です、分かる？　火照ってるね」と声をかけるが、目を閉じたまま。頬が赤みを帯びている。熱は六度七分だったが、二回目を計測すると、三七度と高くなっているという。「えらいの？（たいへんなの）」「ごはん食べた？　どうもない？」と医師が声をかけても、やはり反応がない。

看護師さんが血圧を測るために腕を伸ばそうとすると、「いたい」という声が出た。終えると、「胸の音を聴かせて」と、花戸医師が胸に聴診器を当てる。そばにいた奥さんが「先生、どこ？　目を開けて。先生よ」と声をかけるが、目は閉じたまま。「ちょっとごめんな」と言いながら体を横向きにし、褥創ができていないかどうか調べる。

看護師さんと奥さんが、なんの薬を補充するか、その話を一通り終えたところで、花戸医師が奥さんに「ごはんが食べられないようになったら、どうする？」と、訊ねた。すると奥さんは「病院には行かん」と即答する。「点滴や管はどうする」。「前に病院に入ったとき、どうしますかって言われたから、連れて帰ってきたわ」

「胃ろうは？」「しません。自分で食べられるからね」「あれから熱も出てないし、大丈夫だと思うけど」「ご飯が食べられないのは可哀想やから、病院は行かん」「お母さんのご飯は、おいしいからね」と医師は言い、「できれば前もって、決めておいて」

そして再びAさんに近づき「おじさん、またくるわ。さいなら」といって失礼をした。

自宅を出た後、熱の上がり下がりについて訊ねると、体温調節が難しいため、部屋が暖かくなると、顔が火照ったり体温が上がったりする。普段は付けない暖房を、今日は付けていたからだろうという。熱があるときには胸の音を聴き、インフルエンザや肺炎の疑いを調べる。

胃ろうをどうするか、普段から尋ねようにしているが、以前、次のようなことがあった。Aさんは一昨年の夏に誤嚥性肺炎を起こし、生死の境をさ迷った。病院で、呼吸器は付けないと奥さんが言ったら、病院から、こんなにひどい誤嚥を起こすようであれば、経管栄養か胃ろうをするようにと告げられた。すると奥さんは、管を付けてまで病院には置いておけない、と言って連れて帰って来た。以来、奥さんは、絶対に胃ろうはしないと言っている。

シロウト目に見ても重篤な患者さんであるが、週二回、デイサービスに通っている。「何かあったらぼくが対応しますから、ということで、施設の方にお願いしました」と花戸医師。奥さんの休養のため、ショートステイも使っているが、それでもしんどそうだという。「どこかに預けるかって何回も聞いたんですけど、奥さんは、家におるって言います」。

Aさんは、今日は眠っていたが、調子のいいときは眼を開いてしっかりと挨拶をしたり、「ありがとう」と言ってくれる。介護度が高いだけではなく、ちょっとしたことで容態が大きく変化するだろうから、奥さんの負担は心身共に大きいと思われる。それでも在宅で、自分の手で世話をしたいという。

ちなみに花戸医師が語った次のようなことが、筆者の心に残った。

自宅の隣に、子どもと孫の夫婦二世帯が暮らしているが、曾孫もいて、保育園から帰ってくると、ベッドの周りを走り回っている。筆者には、奥さんのエネルギーの源が少しだけ見えた気がした。**この何よりも得難い家族の力が、奥さんやAさんを強く支えているのではないか。**

誰もが望めることではないが、曾孫さんもチーム永源寺の立派な一員なのかもしれない。そんなことも感じたのだった。

認知症になってもリビングウィルは表明できる⁉

（3）Bさん。八〇代後半の女性。

息子さんと二人暮らし。息子さんも食道にがんがあるが、花戸医師に、詳しいことは語ってくれないという。

「おばあさん、元気か」と言いながら入っていく花戸医師。「元気です、すんません。ありがと」「変わりないかな」「変わりないです。風邪は引いていないけど、洟が出て洟が出て」と答えた後、筆者に「もみじさんへ一日、二日くらい行ってます。どうぞ座布団座って下さい」と、話しかけてくれる。

「もみじさん」とはデイサービスとのこと。「変わりないか、脚、痛いところないか?」と花戸医師。「だいじょうぶです。うつぶせに寝ていたら、首が痛い」「おばあさん、それはこの前の話やな」「はい、すんません」

ここまでのやり取りは、筆者にも理解できた。

「外出てないか?」「はい。もみじさんで、明日もお風呂入れさせてもらいます」「お家におって、なんか困ることはないか」「困ること? ありません。もうありません、庭でこけたんで、それがなおりましたから」「脚はどうや?」「なかなか、なおりませんな。来年で九〇ですから」「元気あるやん、おばあさん」「はい、元気です。杖は一本ですやんて、あぶないです。庭でこけたら、転ぶさかい」

……?

事後、花戸医師に整理していただいた。

Bさんは以前、足の骨を折って入院したことがあった。リハビリの際、PT（理学療法士）とうまくコミュニケーションが取れなかった。PTの助言を無視して勝手に歩いたりしていたが、病院から帰るとき、股関節が悪くなるからもう歩いてはいけない、ベッド上で安静にしているようにと言われたが、帰ってきたらあちこち歩いてしまう。とくに転倒する。杖は危ないし、歩行器は扱いが難しい。するど家の中ではゴミ箱を、外に出るときには洗濯かごを、杖代わりにして移動するようになった。外に出るのは、洗濯は自分でしなくてはいけないと思っているからだという。

そしてBさん、筆者に向かって言う。

「花戸先生は、いい先生ですわ。息子と二人です。あとの二人の息子は外に出ています。いまは二人ですわ。運のわるいこと」。

ここで花戸医師が訊ねた。

「おばあちゃん、ごはんが食べられなくなったら、どうする?」「ごはんか?」「寝たきりになってしまったらどうする?」、再び花戸医師が訊ねる。「この夏にご飯がまずうなって、花戸先生に来ていただいて、もうそれから治りました」「具合悪くなったら、病院行くか?」

筆者が驚いたのはこの後だった。

「病院は行きません。花戸先生がいつも来てはるで、もみじさんに行きます。うちは男の子ばっかりで、女の子は一人もいませんでな。もうふたり、います。ごはんが食べられんようになったら、もみじさんでな、お世話になろうと思うてます。先生のお世話になろうと思うてます」。

花戸医師はさらに尋ねる。「お迎えが来たら、どないする」

筆者はつい、Bさんの顔を見た。するとBさんは、笑いながら次のように答えた。

「お迎え？　そら、しようないわな（笑）」。そしてきっぱりと答えた。「まだお迎えがくるつもりは、ありません」「お迎えが来たら、また教えてあげるわ」「はい。また教えてください。すんません」。そして先ほどの緩やかなモードに戻って、言った。「この花戸先生な、親切ないい方です。いつもお世話になっています」

死をタブーにしない。これは花戸医師のモットーだとは伺っていたが、まさかほんとうにこのような場面に立ち会うことができるとは。さらに、立ち去るときの会話。

「国立（病院）あたりだと、私はいかん。ちかくに花戸先生がいてくれはる。死ぬまでこの先生のお世話になろうと思うてます」「おばあちゃん元気やないか。またなにかあったら、いうてや」

これは立派なリビングウィルではないか。凡庸な言い方になるけれども、時間をかけて作り上げてきた〝きずな〟の賜物だろうと筆者には感じられた。

そして、あらたまって述べてはこなかったが、おそらく「認知症状が進んでいる」と診断されることだろう。それでもこうやって、在宅で過ごすことは可能なのである。

地域に看取りの文化が根付くまで

永源寺地区では、九割以上のひとが在宅での最期を望んでいる。一方、永源寺診療所の花戸貴司医師が看取るのは、そのうちの六割。三割の患者さんは、自宅で過ごすことを望みながらも叶わず、病院で亡くなったことになる。

花戸医師は「誰もが家で最期を迎えることができるわけではない、どうしても病院を選ばざるを得ないひとも必ず出てくる」と言う。そしてまた、花戸医師自身は、最期は絶対に在宅で、と強く推奨しているわけではなく、地域の過半の人が自ら進んで在宅での最期を望むようになったのだという。そしていまでは、本人も家族も、それが当たり前だと考えている。

これを**看取りの文化**と呼ぼう。かつての在宅死の多くは、医療アクセスが困難だったり、病状が進んだことによって、治療から見捨てられた結果としてのそれだった。経済事情もあるだろうし（病院に入れられない！）、交通事情もある（電車もバスもない！）。医療資源の乏しさ（入院できる病院がない！）という事情もあった。もちろん、現在の永源寺地区は、このどれにもあてはまらない。

花戸医師は述べるのだが、看取りの文化が永源寺地区に最初からあったわけではなく、診療所の医師となった最初の年は、看取り数ゼロ。二、三年たって一人か二人。この頃から訪問診療に出かける患者が二〇名ほどになり、五年目で四〇名になる。七、八年ごろからは、看取りの数も二〇名を超すようになった。

「私は以前から、なにかあったらいつでも診ますよ、と言っていたのですが、やはり住民の方の意識が変わってきたことが大きいですね。家で亡くなった人がお葬式をする、近所の人がお手伝いに行く、その場で、うちのお婆さんが診療所の先生に診てもらい、最期までお世話になった、家で過ごせた、それがとてもよかった、ということが口コミでひろがっていったようです」

あるとき、ある家で看取りをした。一週間ほどした頃、お婆さんたち五人が紹介状を持ってやってきた。どうしたのかと訊くと、最期まで診療所で診てもらいたいから、かかりつけ医を病院から診療所に代えたい、という。

「最期まで家にいたい、そう言っていいんだ、という意識がでてきたのです。それが重要だったですね。ここまで来るのに一〇年はかかりました」

家族が突然決断を迫られたら

再び訪問現場の報告をしたい。

(4) 九六歳女性、Dさん。

脳出血の後遺症があり、寝たきりの状態。在宅介護が一三年と長期にわたっているが、息子さんのお嫁さんが、これまで一手に担ってきた。筆者たちが訪ねたとき、ちょうどリハビリスタッフのひとたちが帰ったところだった。

ベッドの横には写真が二枚、飾られてある。八五歳と八八歳のときのもので、市町村合併で東近江市になってから、米寿の祝いで撮ってくれたものだという。満面の笑みが溢れている。この日はたまたま娘さんも嫁ぎ先からやって来ていて、「早くに亡くなったお父さんの所に、逝かせてあげたい」と繰り返していた。

「こんにちは、診療所です」といって上がり込んだ花戸医師。「おばあちゃん、むねの音をきくわな」と、顔を覗き込みながら話しかける。「肺の音は、だいじょうぶやな」と言い、お腹に触れながら、「胃ろうのあともきれい。おばあちゃん、背中、見るわな」と、背中を見ていく。お嫁さんは、痰が多くなったと言い、「呑みこんで、おばあちゃん、呑みこんで」と繰り返している。「ご飯は、口からですか」と花戸医師。

「はい。そうやけど、食欲がちょっと……。もうお歳やから思うんですけど、だんだん食べる量が少なくなって」。

すると花戸医師。「飲み込む力が、だんだん弱くなってはるんやね。肺に入ると、誤嚥性肺炎になるけど、そこはまだ自分で出す力がある。からだのどこかが悪くなって食欲が落ちている、というわけではなくて、飲み込む力が弱くなっている分、口から食べる量が減ってる」

そして、花戸医師は訊ねた。

「いつも皆さんに訊いてるんやけど、飲み込めなくなったり、心臓が弱ってきたとき、どこまで治療しますか」

お嫁さんが答える前に、娘さんのほうが口をひらいた。「もう、はやくお父さんのもとに逝かせて、楽にさせてあげたいです」。少し間をあけた後、花戸医師は「寿命は、人それぞれ違いますから」とだけ答えた。お嫁さんも口を挟まなかった。

花戸医師がもう一度、お嫁さんに向かって「おかあさん、おばあちゃんが、ご飯が食べられなくなったらどうしますか」と訊ねたが、お嫁さんは、「どうしましょうかな」とだけ言い、それ以上答えなかった。

「考えておいてくださいね。じゃ、おばあちゃん、また来るわ、何かあったら、言うてな」と、立ちあがった。

次のお宅に向かう車のなかで、花戸医師は言った。「普通、寝たきりの人はエアマットにするんですが、お嫁さんががんばってはるし、リハビリの人が来てくれてベッドに座らせてくれたりするので、床ずれが全くできていないのですね。リハビリをしているときは、目もぱっちり開けてますよ」

Dさんのお宅は専業農家で、田植えと稲刈りの年二回、ショートステイを利用していたという。数年前まではコミュニケーションが取れており、「ショートステイに行くのが私の仕事」と口にしていた。それでも、ショートステイでは熱を出すことが多かった。どうしても緊張するのだろうという。

「今日は娘さんが嫁ぎ先から来ていたので、このときとばかりに、ご飯が食べられなくなったらどうするか、訊いたのです。本人も家族も急には決められないし、とくに家族は、自分たちが決めることで、本人の命を縮めてしまうのではないかと考える。任されることは大きな負担になるのですね。

遠くにいる息子、娘も、急に訊ねられても、自分の親の最期などイメージすることもできないでしょう。本人が自分の希望を述べ、家族もそれを納得する。そうやって決めていくのが、本人にも家族にもいちばんいいことではないか」

「ご飯が食べられなくなったら、どうしますか」と、外来患者にも、必ず訊ねるようにしているという。

「もうすぐお迎えが来る」ということ

(5) 九一歳女性。Eさん。

大腿骨骨折。認知症。Eさんの介護も、やはりお嫁さんが担っている。昨年まで心臓を患っていたEさんの旦那さんが、同じ部屋にベッドを並べ、花戸医師の治療を受けていた。そのときには、Eさんができる範囲で世話をしていたという。

お嫁さんは、花戸医師の顔を見るなり「夜なかに起きて、何か夢を見ているように、ひとりで話していることがあるんです」と言う。花戸医師が「おなかが痛いとか、何か変わったことは？」と訊ねる。「ぜんぜん、大丈夫。ずっと熱を出したこともない」とお嫁さん。「体重は？」「31・9」。脚はよくないが、それでも歩行器を使ってトイレまで自力で歩いていくという。

「おばあさん、こんにちは」と花戸医師が声をかける。「すみません、ありがとう」とEさん。「手術したほうの脚、うずいて寝られないということはない？」「ありがとう、だいじょうぶ」。ありがとう、がEさんの口癖のようだった。

「もみじさんは、たのしいか？」と聞いても、やはり答えは「ありがとう」「おうちにおって、何かこまることないか？」「だいじにしてもろうてるから、なんもない」とEさん。「こまること、心配なことないかな」「なんもない。ありがとう」。「うんこさんは？」「ありがとう。このごろは、一日おきくらいやな」

Eさんは、月、火、木、土とデイサービスに通っている。花戸医師は、さすがに食事の少なさが気になるようだが、お嫁さんには「ご飯は、いまの体に必要な量なんだと思い

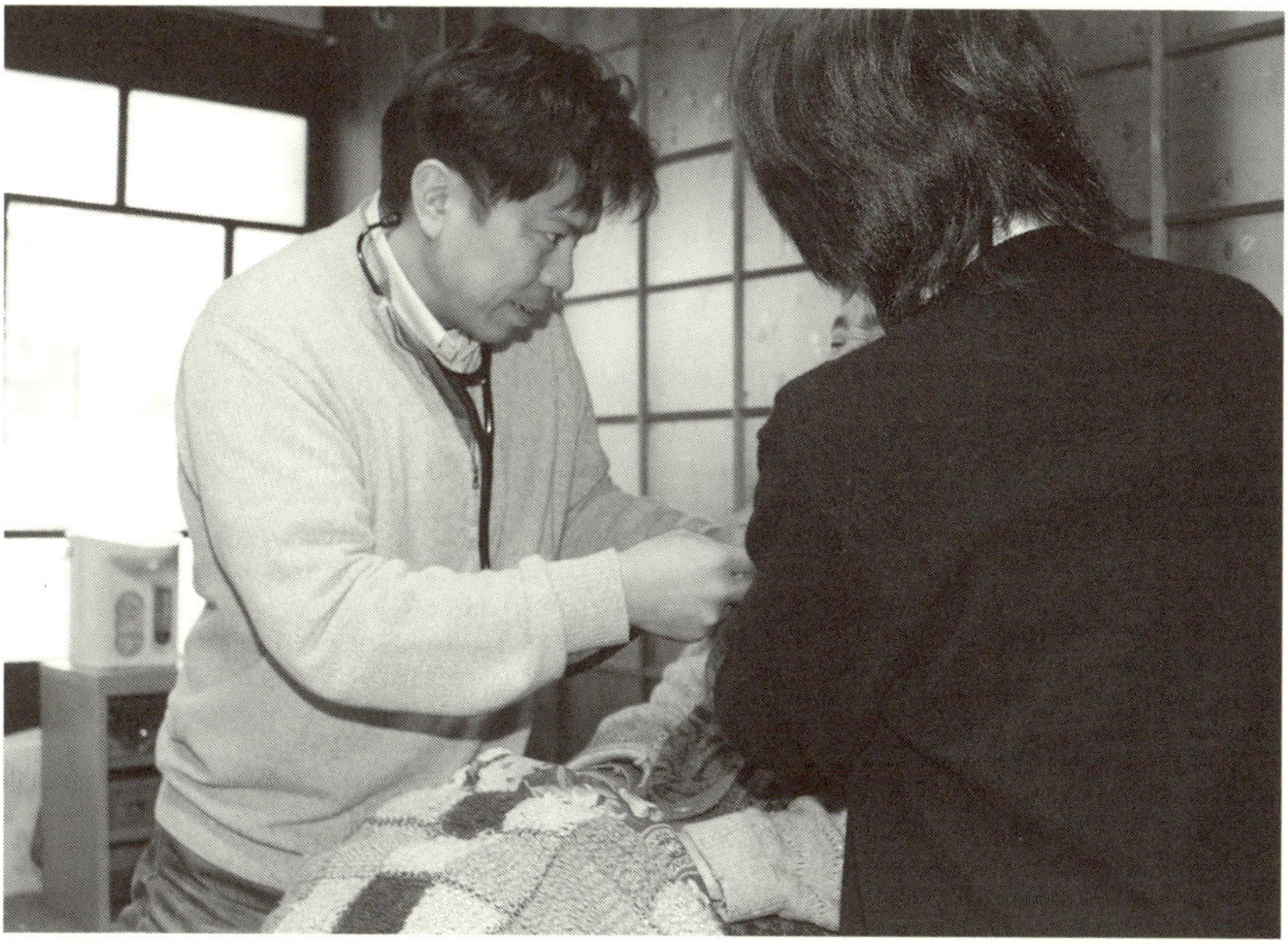

ます」と伝えている。そしてEさんに訊ねる。

「ご飯、おいしいか、おばさん」「ありがとう。おいしいわ」「じゃあ、ぎょうさん食べんか」「おかずたくさん食べるから」。そんな会話をさらに続けた後、「おばあさん、じゃ、またくるわ」「ありがとう、先生も気をつけてな」と言って席を立った。「なんかあったら、言うてや」「ありがとう」

シロウトがどこまで勝手なことを書いていいのか分からないが、筆者にも、Eさんにはそろそろ〝お迎え〟がくるのではないかということが、お目にかかった途端に感じられた。花戸医師とEさんとのやり取りを聴きながら、おばあさん自身もそれは理解している、そして受け入れ、お迎えを待っている。そんなことも思われた。自然なこととして、死が身近にある。不思議な感覚だった。

気軽に口にしていいこととも思えなかったので、車に揺られながら黙っていると、花戸医師は、意外なことを話し始めた。

「ご覧の通り、ぼくはたいしたことをやっていないのです。特に治療をするとか、なにかやっているわけではない。むしろケアマネさんだったり、ヘルパーさんだったり、ご近所さんだったり、その人たちがたくさん支えている」

たしかに、血圧や熱を測ったり、ガーゼやら薬やらを補充したり、細々した作業の多くは看護師さんが担っていた。花戸医師は、ただ話しているだけのように見えたけれども、聴診器を当てるだけではなく、必ず患者さんのからだのあちこちに触れていた。

そしてもう一つ印象的だったことは、医師と看護師さんの二人が家族の前に立った途端、患者さん本人はもちろん、**居合わせた全員に笑顔が広がり、安堵感が家の中に満ちていったことだった。**これこそが、一〇年かけて作り上げてきた「看取り文化」の根っこにあるものかもしれなかった。

Fさんの胸の内

(6) 八三歳男性。Fさん。

若いころに屋根から転落し脊髄損傷となり、脚が不自由になった。伺ったとき、Fさんはベッドから降りてテレビを観ていたようで、花戸医師の声を聞き、ベッドに戻ろうと腕だけでよじ登り始めた。

これまで腕の力で動けたが、最近は力が弱くなり、移動が厳しくなった。去年まで脳梗塞の奥さんと二人一緒に往診を受けていたが、その奥さんは昨年亡くなった。息子さん夫婦と中一のお孫さんと同居しているが、日中は独居になるため、トイレがたいへんだという。

よじ登ろうとしている姿を見た看護師さんが、「がんばって、やってみせて」と声をかける。Fさんはベッドの端に手をつき、よじ登り始める。「がんばれ、がんばれ」と看護師さん。Fさんがやっとベッドに辿り着くと、息が荒い。「はい、深呼吸して」と看護師さん。

「おじさん、こけてないか?」花戸医師が訊ねる。「考えて考えてな、こけたら終いだ思うてな。……ぽんと逝てしまえばいいけど、苦しまならんとなあ」とFさん。

転ばないように、移動のときには細心の注意をしている。動かないと力が落ちていくし、動きすぎると転び、再びけがのもとになる。腕も片方は上げられるが、片方は半分までしか上がらない。

「便所はどないしてるの?」「昼はひとりで。夜は手つどうて(手伝って)もろてる」「通じは大丈夫?」「三日にいっぺんくらい」。「痛みどめ、飲んでるけど、夜中にうずくことは」「寝ててもな、いたいな」「寝る前の薬、増やしてもいいけど」。

花戸医師は続けて言う。

「水も溜まってないので、抜いたり、注射したりしなくても大丈夫。痛み止めはもっと強いのにできるけど、強いものにしたから痛みが消える、というわけでもないしな。足の力も落ちていないし、できるだけ動くほうがいいと思うけどな」

そして訊ねた。「もし、歩けんようになったら、どうする?」。筆者ははっとした。Fさんはさらりと答えた。「おうよ、どないしょ。こけて歩けへんようになったら、どないなるんやろ思ってな」「どこか、病院であずかってもらうか」「病院へ行っても、ようならんやろ」「良くはならんけど、悪くせんようにしないと。背骨が悪くなってから、長いしな」

「手術しても、あかんやろ」「ほんまに、歩けんようになったら、どうしたい?」「むずかしいな」「なにが?」「病院行ってあかんことないけど、トイレがむずかしいな。小は行けるけどな、大は座ったら、いっしょに行ってもらわないと、起きられん」。「こわいな(たいへんだな)」「おかげさんでな、きょうまで、ありがとう思ってるんやけどな」「できるだけ家におれるよう、頑張りましょう。こけんように」「がんばるわ。ようなるんなら、なんぼでも手術するんやけどな」

そして「またきます」「おおきに」というやり取りとともに席を立った。

日中独居で、移動困難。過酷な環境である。しかしFさんに、暗さは微塵も見えなかった。人を惹きつける明るさのある方だな、とさえ感じられた。だからこそ、また独特の印象を残した。

Fさんをどう支えるか。どこのお宅にも、近所の人やヘルパー、ボランティアなど、色々な人が顔を出して声をかけていく。花戸医師は〝地域まるごとケア〟と言った。筆者には、**チーム永源寺の総合力**、という言葉が思い浮かんでいた。

[追記]「三方よし」のメーリングリストは、メンバーの情報交換が極めて盛んである。なかでも花戸医師は、積極的に話題提供や情報発信をしている。折にふれて送られてくるメールから、医師の許可を得て、看取りに関する数通のメールを転載させていただく(ほぼ原文、適宜改行している)。

●永源寺の花戸です。

症　例：6X歳　男性（Yさん）
疾　患：胆管癌
家　族：奥さんと二人暮らし

5年前に胆管癌を指摘された。術前診断では、転移もなく近くの病院外科で手術を受けられました。術後、抗がん剤の治療を受けていましたが再発。この時点で大学病院腫瘍内科へ紹介されました。大学病院では、抗がん剤、胃の通過障害も認められたときには再建術なども行われました。病気と闘われてきた・・そんな印象の紹介状でした。

しかし、9月になって腹水が多くなります。がん+肝不全の状態のようです。

腫瘍内科の先生からは「積極的な治療は難しいので、ホスピスか在宅をお勧めします」と伝えられたそうです。Yさんは、主治医の先生の言われることなので、そのようにしようと決断されます。そして、退院前カンファレンスが開催されました。主治医の先生は都合がつかなかったので、部下の先生が出席していただき、病室で開催されました。奥さん、病棟看護師さん、退院調整のMSW（医療ソーシャルワーカー Medical Social Worker）さん、訪問看護師さん、在宅でお世話になる薬剤師さんも参加していただきました。

病状の説明と退院後の訪問調整などが終わり、私からYさんに尋ねました。

「これから病状が進んで、ご飯が食べられなくなったら、どこでどのように過ごしたいですか？」

●6x歳 男性 胆管癌 つづき

永源寺の花戸です。
いろいろと忙しい毎日です・・
今朝、6時過ぎにYさんから往診依頼があり往診に伺いました。

3時ぐらいから「お腹が張ってしんどかった」そうなのですが、6時まで我慢していたとのことです。

前日、訪問看護さんから以下のような連絡をいただいていました。

>>> ケアしてくださっていた時に、お気持ちを伺ってくださったそうです。
>>>> すると「食事を摂って、体力をつけ、抗がん剤治療を受けたい」と言われたそうです。奥さんもそのよう

に思いたいとのことで、訪問看護さんには「その気持ちに寄り添って欲しい」と。。。

>>>> ***************

そして今朝、私が伺った時には腹水が溜まりお腹がパンパンに張っている状態でした。

昨夜は食事もとれなかったと。肝不全で腹水が溜まっている状態です。足の浮腫もあります。おそらく、肝臓の機能が下がり腹水はどんどん溜まっていくものと思われます。

血圧も低めで、血管内は脱水気味。打つ手はほとんどないのですが、利尿薬の注射のみ行ってきました。

夕方に連絡をしたら、「少しお腹の張りが取れて食事も少し入った」とのことでした。

おそらく残された時間は一か月もないと思います。また、病気と闘うのか？　もっとやりたいことあるだろうに、、、というのが私の正直な気持ちです。今朝は本人に考えていただく余裕もなかったので、あえて何もお伺いしませんでした。

少し落ち着いたようですが明日も伺うように予定を入れました。

明日はゆっくり話してみたいと思います。

本人の意思、家族の気持ち、落ち着くことはないと思いますが、あえて「ご飯が食べられなくなったら」と繰り返し聴いていこうと思います。

●２０１６年10月15日

永源寺の花戸です。

昨日も訪問しました。

食事は少しずつ食べられているようですが、腹水は多くお腹の張りも強いです。利尿薬の効果はそれほど著明ではありませんが、訪問にお伺いすることで少し気持ちも落ちつくようです。

お伺いすると、ソファーで横になっておられました。昨日は娘さんも来られていました。診察すると血圧は低く、痛みはないものの腹水もたまりお腹もしんどそうです。でもＹさん「今日は少しましやわ」と、辛い表情はされませんでした。奥さんに聴くと、昼間はソファー、夜はベッドで横になっていることが多いようです。

私が「しんどいですね」と問うと、黙ってうなずかれます。「辛い病気ですね」と続けると、少し笑ったような表情を浮かべられました。「利尿薬は少し効果があるようですが、またすぐに効果がなくなると思います。厳しいようですが、残された時間はそう長くないかもしれません。」と伝えると、Yさんは目を閉じられました。

最後に、私が「ご飯が食べられなくなったら・・」と尋ねると、Yさん「近くの総合病院かな」と答えられました。後ろで奥さんが「もう大学病院には行かないって言っています」と付け加えられました。帰り際、玄関口で奥さんに「体調もすぐれませんし、訪問の回数を増やしましょうか」と尋ねると、「主人に聞いておきます」と

夕方、奥さんが処方箋を取りに診療所の窓口に来られ、看護師にこのようなことを言われたそうです。先生が帰られてから自分の葬式のことを話しました。今までは「大学病院で『末期』と言われていない」と、治療をしないこと、ホスピスのことは考えたことがなかったそうです。でも、今日、花戸先生から言われて、最期のことを考えないといけないと気づいたようです。病院に行くか家にいるかは主人に任せようと思います。

こんなことを話されたそうです。

Yさん、訪問診療の回数を増やすことは納得されましたが、訪問看護は「まだそこまではいいわ」と断られたそうです。最期は病院か、在宅か、まだまだ迷われています。

家族に迷惑をかけてはいけない・・・そんな気持ちが強く伝わってきます。

現実を伝えることは辛いことですが、残された時間で本人の意思を尊重するためにもやはり「対話」は必要なことだと感じています。

●2016年10月20日

永源寺の花戸です。

Mさん、ありがとうございます。（花戸医師の前メールに返信があったが、そちらは省略した）

う〜ん、信頼関係ですか・・・

実は、このYさん退院前カンファレンスでお会いしたのが初めてなのです。退院前カンファレンスで「ご飯が食べられなくなったら・・」って聴いたら、大学病院のMSW

さんに「あんなこと言われたくないわ」とこぼされたそうです。

でも、こちらも在宅主治医になった以上、ちゃんと聴かないといけないという信念をもっていますので、何度もお聞きして、一緒に考えました。もちろん、本人がしんどがっているような時に、急かすような聞き方はしません。ゆっくり話せますよという態度をみせながら構えています。予後を伝えることも奥さんに了承してもらい、お伝えしました。


一昨日、午前の診療時間内に奥さんから電話がかかってきました。「腰が痛い時に、痛み止めの薬を飲んでいいでしょうか?」という内容でした。電話には看護師が対応し、私も外来中でしたが「すぐに行った方がいいか?」ということを伝えてもらいましたが「往診はいらない」とのことでした。

外来が終わってからYさんのところに電話をかけると「先生すみません、主人、腰が痛いって言うんですが、足をさすっていたら痛みがどこかにいっちゃうみたいなんです」と。

今までは、大学病院で検査と治療の繰り返しで、Yさんも奥さんも病気だけと向き合う生活でした。

しかし、ここにきて病気から少し離れたところに気持ちが移っている様子。お二人で穏やかな時間を過ごしておられるようです。

私がなにか伝えたと言うよりも、お二人でなにかを見つけられた、そんな感じがします。

>>6X歳 男性　胆管癌　つづき
永源寺の花戸です。

先日より紹介させていただいてるYさんの報告です。

先週末は、落ち着いておられ、私のところにも連絡はありませんでした。しかし、今朝になり「お腹が張る」と連絡がありました。

じつは、土曜日から孫がYさんのところに遊びに来られていたとのこと。

庭で一緒に遊んだり、一緒に食事をとったりすることができませんが、お孫さんが美味しそうにピザをほうばる様子を見ながら笑っておられたそうです。

というわけで、土日は医師や看護師の出番はなし。今日になって、朝からお腹が張るとのこと。午前の診療を終えてすぐにYさんのところに伺うと、ソファーで横になっておられました。腹水はたまり、足も浮腫んでいますが、急激な変化はなさそうです。

薬はそのままで、お腹をあたためて、足からお腹をマッサージするように勧めました。

「注射で抜いてくれ」と頼まれましたが、「抜いてもすぐにたまりますから」とだけお伝えしました。

帰り際、玄関でYさんの奥さんが私に話しかけられました。

「主人、『家にいたい』って言うんです。」

「大学病院を退院する時は『大学』って言っていたんですが、大学病院に来ても何もすることがないといわれ、ショックだったようです。ホスピスはあまり乗り気ではないようです。先週ぐらいまでは、私達に迷惑がかかるからって『近くの総合病院』って言っていました。でも、土曜日に孫が帰ってきて『家がええな』って言うんです。

先生に『先が長くない』とはっきりと言ってもらって、いろいろと考えているようです。私は、主人が望むようにさせてあげたいと思っています。先生、これからもお世話になりますが、よろしくお願いします。」

まだ、Yさんの気持ちの整理がついたわけではないと思います。まだまだ気持ちは変化するかもしれません。

しかし、しっかりと対話を重ねることで、本人と周りの人たちの意思が固まっていっているように感じます。

私は何もしていませんが、今後、家族の方針がぶれることはなさそうです。

●2016年10月24日　6X歳　男性　胆管癌　つづき

永源寺の花戸です。

昨日、Yさんが旅立たれました。

最後、しんどい、えらいと訴えられましたが、薬剤調整などで落ち着かれていたようです。朝に往診、薬局さんが訪問、そのあとには訪問看護さんも来ていただきました。

奥さんと話をしましたが、「主人も最初は『大学へ』って言ってたんですが、孫と過ごす時間があったり、ゆっくりと話せる時間がもてたので家でよかったです。」と言われていたのが印象的でした。訪問看護さんからの報告もいただきました。

短い期間しか関われませんでしたが、納得できる時間が過ごせたようでした。

関係いただいた皆さん、ありがとうございました。

2　代表・小串輝男医師に聞きながら

斯界注目の「三方よし研究会」

地域での医療連携はすでに実践されている

小串輝男医師と「三方よし研究会」のメッセージ

筆者が小串医院に小串輝男医師を訪ねたのは、永源寺取材から一年近い歳月が過ぎたころだった。

診療所に到着したのはちょうどお昼時で、患者のいない診察室で取材が始まった。小串医師が用意してくれた資料に「**小生の立ち位置**」とタイトルされたスライドがあり、次のように書かれていた。

・入院が必要な疾患も厳然と存在し、病院死も否定はしない

・ただ愛と覚悟がなく、病人は家では看れないと決めつけている家庭が多すぎる

・慢性期病院の存在ははっきりさせるべきで、そこでの死は施設死に準じる

・日本の医療制度の改善、ホスピス死、在宅死をもっと増やすべき

これはおそらく小串医師のマニフェストであり、筆者は、ここから大きく三つのメッセージを受け取る。

一つ目。**医療者にも患者にも、死や死生観について、強く再考を促していること**。どう人生を閉じるか、最期の時間をどんなふうに過ごしたいと考えているのか、自らのこととしてもっと引き受け、真剣に考えなくてはならないという訴え。

二つ目。**医療者の役割**がなんであるか、その自覚。たとえば医療の役割や病院の機能分担を明確にする。そのことを患者にどう伝え、なぜそうすることが大事なのか、説明

する責務を医療者は負う。

三つ目。**患者（と家族）は**医療の単なる受け手ではない。むしろ**主体である**。医療はそのサポート役であり、言い換えれば、医療者が主で患者が従だというこれまでの関係のあり方に再考を求めている。

筆者が感じるのは、小串医師と三方よし全体の活動は、日本の医療に対する強い問題提起となっていることだ。小串医師は、自分たちが訴えていることは、日本の医療全体からすればまだ少数派であるという。つまり、患者の大多数は病院死であり、病気になったら病院で預かってほしいと考える家族が大半であり、医療者側もそれを当然のように受け入れ、終末期の患者によって、病院のベッドはふさがり続ける。

「三方よし研究会」の始まりと経緯

小串医師は、小串医院の院長として、現在、地域医療・在宅医療に専心している。

略歴を拝見すると、京都大学医学部を卒業後、同大学の放射線・核医学助手を務め、アメリカのハーバード大学付属病院の放射線科に留学し、研究生活を二年三カ月過ごしている。その後、福井医科大学放射線科の助教授として一〇年務める、退職し、一九九一（平成三）年より、東近江市五箇荘の小串医院に移る、という経歴をお持ちだった。

「三方よし研究会」の始まりは二〇〇六年ごろ。

小串医師によれば、二〇〇六（平成一八）年の医療法の改正によって（翌〇七年施行）、五疾病（うつ病、がん、脳卒中、急性心筋梗塞、糖尿病）、四事業（災害医療、へき地医療、周産期医療、小児医療［小児救急を含む］）において、医療施設相互間の機能分担と業務連携を確保するための方策を、医療計画に定めるよう達しが出された。

これを受け、当時の東近江保健所の角野文彦氏（現、滋賀県保健衛生部長）が呼びかけ、**医療連携のシステム**がつくられ始めた。

「〇七年から始めましたので八年目に入りましたが、私たちのようにフットワーク軽く立ち上がったところは、あまりなかったようです。私はこのとき東近江市の医師会長でしたので、すぐに動き始めました。

・健診や保健指導を徹底する、病院の機能分化によって切れ目のない医療提供体制をつくり、患者さんが安心して、

小串輝男氏

いつでも医療を受けられるよう分かりやすく説明する。
・医療の必要度の少ない患者さんは介護施設等に入院してもらい、病院での長い入院生活はやめる。
こうした基本方針のもと、**最初の試みとして脳卒中のクリニカルパス（連携）から始めてみよう**ということになりました」

小串医師が力説したことは、一人では何もできなかった、重要なことは人との出会いだということだった。

「何といっても角野先生との出会いがあったこと。これが大きいです。それから脳卒中の連携パスをまとめるためには、脳外科の権威がいるわけですが、滋賀医大の脳神経外科名誉教授の松田昌之先生が湖東記念病院の顧問をしておられ、松田先生にご協力いただけたこと。東近江保健所の保健師、中村恭子さんは基本的なことを手伝ってくれました。立ち上げのときに、こうした人に恵まれたのです」

従来の医療の常識は、急性期、回復期、維持期を通じ、すべて同じ病院で過ごすというものだった。しかし医師たちが目指した構想は、**急性期、回復期をそれぞれ別の病院で治療を受け、元気になれば退院する**。そのことで、機能分担と治療の効率化を図り、質の向上を狙っていくというものだった。

しかしまた小串医師は、人が集まればできるというものではない、とも言う。

「初めは、東近江医療連携研究会と呼ばれていた勉強会でしたが、様々な工夫を凝らしていきました。医療と患者は、ウィンウィンの関係をめざすとしていたのですが、医療に勝った負けたはなじまないということで、この地の近江商人に倣い、『売り手よし、買い手よし、世間よし』、**患者さんにもいい、病院にもいい、世間（社会）にもいい**、という考え方に倣って『三方よし研究会』と改名されました」

「三方よし研究会」の様子

角野医師は二年間だけの所属だったが、独自に地域リハビリ整備委員会を主催していた。そこに東近江地区のＯＴ（作業療法士）、ＰＴ（理学療法士）など、リハビリ関係者や看護師などのメディカルスタッフが集まっており、脳卒中の後遺症ケアに積極的に取り組むマグマのような熱気があった。

「このマグマが一番幸いしたと思います。他の地域でうまくいかないのは、こういうマグマがないことが関係していないでしょうか。偶然でしたが、このマグマがパス推進の原動力で原点でした。まずは患者さんが第一です。そして、各病院や施設間の相互信頼をあせらずつくり上げていきました。利害関係が絡みますから、調整はかなり大変でした」

そしてもうひとつ、フェイス・トゥー・フェイス（顔の見える関係）の大事さを角野医師は強調していた。小串医師は今もそれを引き継いでいる。

誰でも参加できる会にし、参加者は車座になって、まずは自己紹介をする。そして論議に加わっていく。

「最初、医者は、角野先生と松田先生と私しか出席していませんでした。四〇人くらいの参加者でしたが、だまって待っていても増えませんから、とにかく広げようと声をかけました。地域連携室からはメディカルスタッフや、ＯＴ、ＰＴ、行政職員など、次第にたくさん集まってくれるようになりました。医者は、『この患者さんの主治医ですから出席してくれますか』というと、必ず出てくれました。会の時間は六時半から八時半まで。時間厳守。終わったらみんなすぐに帰りたいですからね。そうやって広がっていきました」

四〇名ほどだった参加者が、現在は一二〇名ほどに増えている。全国から出席者が集まるようになり、メーリングリストの参加者がいま全国に六〇〇名以上。

発起人それぞれの、役割分担もおのずと決まっていった。

「角野先生はディレクターの役割。松田先生は『天下のご意見番』として名高い大久保彦左衛門の役割。権威ですから、話がもめてきても、ここはこうしましょうと松田先生が一言いうと、すぐにまとまりました。私の役は、ひょうきん者も必要だろうと（笑）、話し合いの合間に笑いをとっています。中村さんは秘書的ブレーンですね」

アバウトでいい、形から入らない。易しい問題から始め、難問は後回し。適宜修正を加えていく（連携パスの手引書は、修正を重ねた結果、現在第四版になっている）。

「各施設から自分たちのケアを紹介してもらい、会場担当の病院がどんなことをしているか、持ち回りで発表します。顔を見ながらわいわいがやがやることが大切で、そこから結びつきが生まれます。各施設が連携パスで受け入れた患者の成功例や、難渋例の報告をしますが、それが施設間の競争を生み、さらなるエネルギーになっているようです。あそこはあんなふうにやっている、うちはもっとここをがんばろうとか。患者さんは一人一人が違いますね。その人の人格を大事にしないといけないと、毎回、再認識させられます」

終わったら、出席者には感想を自由に書いてポストにいれてもらい、次回運営の参考にしている。

地域で連携するイメージ

無数にベッドがあり、無尽蔵の医療財源がある。かつてはこんなふうに考えられていたが、もはやこうした医療は不可能である。「三方よし」では、急性期・回復期・維持期という病院の役割を、それぞれの地域で話し合って決め、急性期で回復したら患者個人のデータ（「三方よし手帳」）を持って、次の回復期病院へ。

さらに回復したら維持期の病院や施設へ。さらに回復したら退院し、手帳を持ってかかりつけ医へいく、というシステムをつくりあげた。東近江地域は、回復期・維持期の病院が多いことも幸いした。

医師たちは、患者も、同じ病院で退院まで治療したいと主張するのではなく、最良の治療は最大多数の人びとの治療であると考えてほしい、そう訴えている。小串医師は、「皆さんは、東近江圏域の先進的なパス（連携）という相棒に守られているのです」と、小串医師は伝えている。

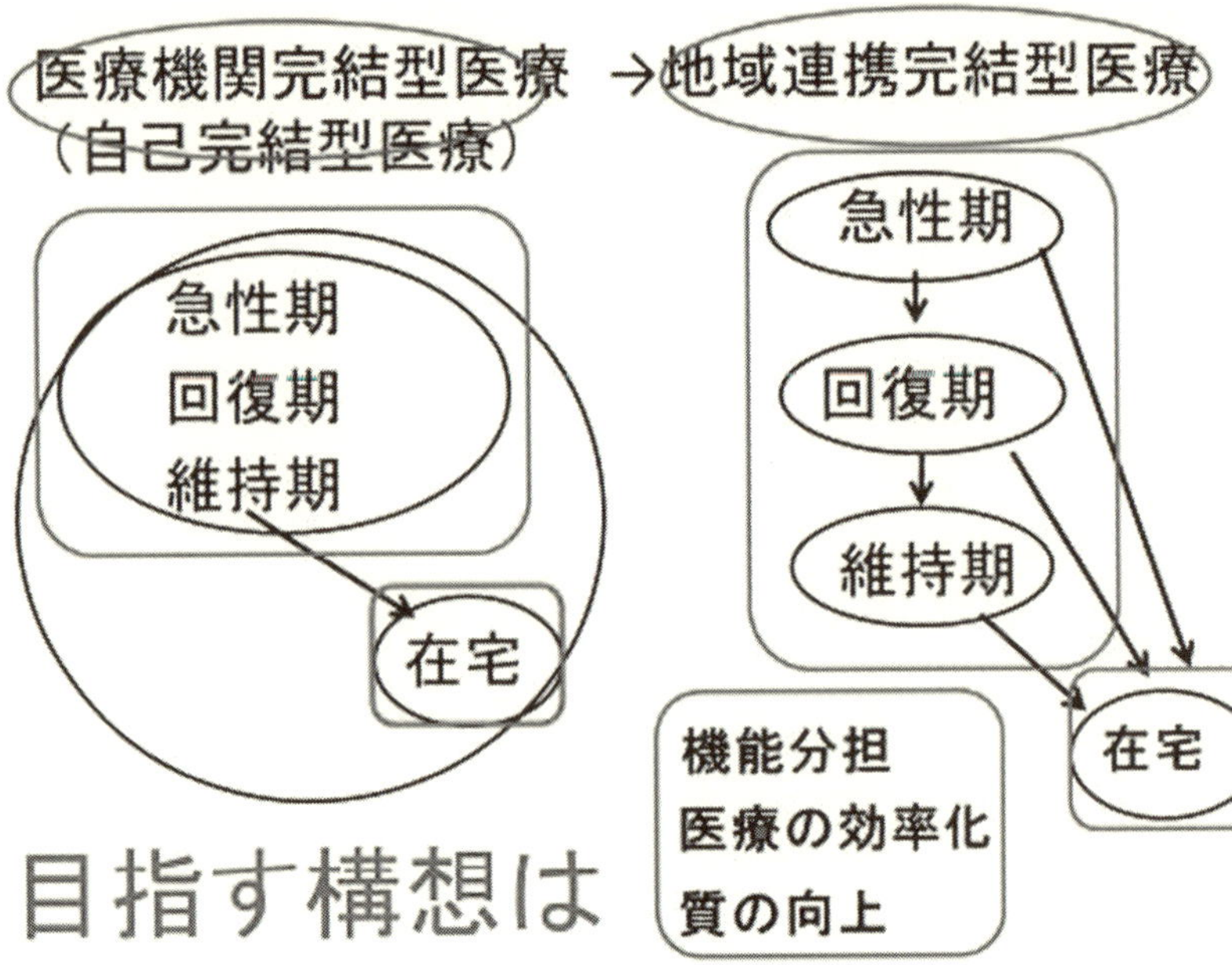

また会員に対しても、次のように伝えている。

「三方よし 研究会は、患者さんにとり、最も望まれる在宅リハビリを考えている研究会である。行政へ要求するだけでなく、当事者意識を持ち、自分に何ができるかを考えてほしい。そして市民に、街の医療を支えるのは一人一人の意識である、という発信をつづけてほしい」

人生の「閉じ方」についても

家族とケアチームに囲まれて人生の最期をどう過ごすか、どう終幕を迎えるかは、小串医師と三方よし研究会にとって重要な課題である。

医師によれば、簡単に周囲の理解が得られたわけではなかった。自分たちの取り組みを市民に知ってもらうため、様々なフォーラムや市民講座を行なってきた。大きな体温計を抱えてシロウト演劇をやってみたこともあった。風船バレー大会は五回目になる。

自分の人生の〝締めくくり〟を考えてもらうために、「イメージできますか、あなたの人生のターミナルを」と題されたフォーラムも、七回ほど行なってきた。「人間、いつかは死ぬのだから、いかに、どう死ぬか、ということが大事じゃないか」と訴えてきた。「大事なことはいのちの質と、家族の思いやりと覚悟ではないか」。

どんなふうに変わったか――課題も

小串医師が、地域包括ケアシステムを考えていく重要なきっかけとなったのは、脳卒中後のパスの取り組みだった。七年間の結果を見ると、脳卒中患者は二〇〇〇名以上に上り、脳梗塞が六〇パーセント、脳出血が三〇パーセント、一〇パーセントがくも膜下出血だった。全体的には男性がやや多く、クモ膜下出血は女性が二倍ほど多い。連携パスが適用されたケースは年間一〇〇例くらい。

どんな経過をたどったか。

六〇パーセントが急性期の状態から回復し、自宅に帰った。二〇パーセントが急性期から回復期を通り、自宅に帰っている。六・三パーセントが回復期にとどまって退院できずにいるが、全体的には八五パーセントが帰宅可能という結果だった。

在院日数も短くなった。回復期は横ばい状態だが、急性期の在院日数が短くなり、急性期病院では空きベッドが増加した。危険因子は、高血圧、糖尿病、高脂血症、心疾患などの、いわゆる生活習慣病であるから、生活改善などの意識啓発も重要な取り組みだと捉えていた。

一方、課題も明らかになった。まず、「パス」というのは道筋、行程のことだが、「パスされる」という受け取り方をされると、「病院からパスされる、出される」というイメージにつながってしまう。そこで十分に説明し、病院間にあっても顔の見える関係をつくっておかなくてはならない。

もう一つ、患者の側にも重要な課題があった。

「これまで、脳卒中の治療について、研究会で二〇〇例ほどの事例報告があったのですが、バリアンス行動といって、治療の途中で抜け出してしまう例が目につくようになったのです。軽症ですぐに退院した、死亡してしまったという例は仕方がないですが、患者の身体的状況や精神状態が悪化し、認知症になった、暴れるようになったということで、途中で治療から抜けてしまう例があります。医師の言うことを聞かないで抜けていく、暴力行為があって受け入れる病院がない、というケースですね」

バリアンス行動を具体的にとり出し、解決策を探るのが三方よしの重要課題であると小串医師はいう。さらにもう一つ。

「三方よしのスタイルは、近江圏域でしか活用できないと言われてきましたが、そんなことはない。滋賀県医師会も、人が集まってチームケアや地域ケアをすることの重要性に気づいて、在宅看取りを提案しました。まだなかなか前進しませんが、滋賀県全体での取り組みは始められており、情報共有のためのデータベース化も進んでいるところです」

連携パスの取り組みがもたらした利点

課題はあるが、連携パスの利点も見えるようになった。**患者の安心感や満足度が向上する。なによりも、診療内容、退院、転院、その後の予定などの説明が、具体的に受けられるようになった。**

「これまでは、医療者側は『黙って入院していろ』と接してきましたが、連携パスが始まって、しっかり説明しなければならなくなった。そのことが患者の治療への参加意欲の向上になり、努力目標ができるようになりました。

医療を提供する側にも、情報の共有と診療内容の標準化が図られるようになり、このことは、良質で適切な医療の提供に通じていきます。そして連携パスによって、治療とケアの継続性・一貫性の確保ができます。転院の待ち時間が短縮され、医療関係者にとってモチベーションが上がるのです」

医師にとっても、何をすべきかがコンパクトに見えるようになったのだという。地域の医療機関全体の把握、地域の医療資源の把握がすすみ、有効活用につながる。

もう一つあった。三方よし研究会に消防署員が毎回出席しており、パスが始まってから、管内の救急病院への搬送が二〇パーセント以上増加した、という報告があったという。

「重症例に限ると、二三パーセントでしたが、管内の急性期病院に運ぶことができたのですが、病院間の連携が生まれ、スムーズな転院が可能になって空きベッドが増え、より多くの患者が、急性期の治療を受けられるようになりました。それまでは満床が続いていたのですが。こんなふうにして変化したのです」

三方よし研究会からは、いろいろなアイデアが出てくる。このなかに、**在宅医療を大きく推進する可能性**があるのではないか。そう考えて取り組んでいる。社会が抱える様々な問題があり、たとえば介護施設やリハビリ施設の収容力の問題。それから本人の自覚、家族の理解、社会の理解と介護力といった啓発的課題がある。そう小串医師は述べる。

「ここに、我々がいかにかかわることができるか。言葉で言うと簡単ですが、なかなか難しいことです。私たちはそこまでかかわらないといけないと思っていますし、一人一人事情が違うことを実感します。真のリハビリを社会的リハビリというらしいですが、社会環境の構築が究極の目的であって、そこまで目指すのが地域包括ケアということだろうと思います」

（以下は小串医師提供のスライドより）

5年前より徐々に症状が出始めた

- 2年前にALSの診断後、急速に症状悪化
- しかし死の6日前は、すき焼きを美味しそうに
- 逝く前日の11日の夜も、筋力低下のため、首が支えきれず上を向きながら食事を
- 就寝前、娘とふたりで全身洗身を行った後静かに小生の隣のベットに寝てくれた
- 12日朝、小生起床時息をしていたが、10AM頃起こしに行った娘が逝ったのに気づいた
- 苦しまず、まさに枯れるように逝った

しかし、注意すべきことは

- 正しい医師はこの先訪れるであろう寿命についてあと一週間くらいでしょうと、率直に話してくれます、その話に素直に耳を貸すこと、
- そして、ただただ生きてと願わぬこと
- その時こそ、家族で寄り添うこと
- 胃瘻をしなければいけません、点滴をしなければ亡くなりますと、脅かす医師はもってのほか、信用してはいけません

医師の臨終の宣告が死ではない

- 死は正しい医師の寿命の宣告時にある、そして死は家族の思いやりと覚悟の中にある
- 覚悟とは、動転（驚き慌てる）、悲嘆（嘆き、悲しむ）号泣、慟哭（大声を出して泣き叫ぶ）、怨念（なぜ自分の家だけがと怨む）、そして次第に、次第に諦観（あきらめ）、空虚(空っぽ)、受容（しかたない）、納得（非情だ、無常だ、でもこれが人生だ）の苦しい過程を受け入れる心の準備ができていること
- ところが今の日本人はこの覚悟がなく、恐ろしい、怖い、見たくないで結局、病院送りとなり、余計な医療介在がなされてしまう

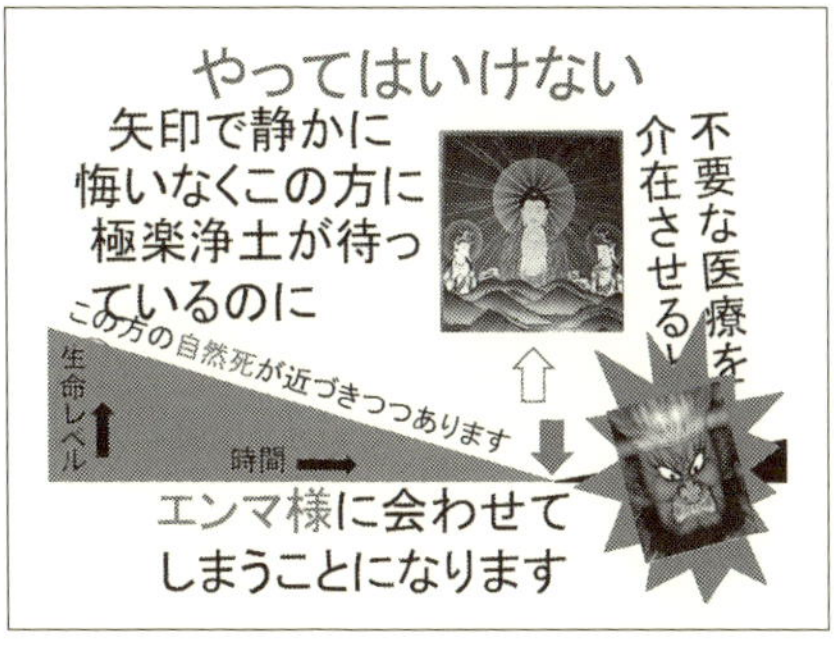

3　埼玉県幸手市東埼玉総合病院　中野智紀医師の取り組みから

「幸手方式」の仕掛け

住民が主体となってはりめぐらす重層的なセーフティネット

関東に舞台を移そう。埼玉県幸手市。幸手団地をはじめとして八つほどの団地があり、都心から一時間ほどのベッドタウン。第一期入居は一九七三（昭和四八）年で、以降人口上昇を続け、ピークは一九九五年であった。近年は高齢化が進み、衰退も懸念されている。

街の活力が衰えることは、セーフティネットの力が弱まることにもつながる。「地域包括ケアシステム」と呼ばれる地域連携がどうつくられているか、ここでは、「幸手方式」と呼ばれる取り組みを紹介する。

住民が主体となる「幸手方式」

キーパーソンは、東埼玉総合病院医師の中野智紀氏と丑久保広子看護師。

中野医師は「在宅医療拠点事業推進室長」という肩書を持ち、丑久保看護師は同推進室「暮らしの保健室」担当の、おもに地域を活動の場とする〝コミュニティ・ナース〟とでも呼ぶべき存在である。

中野医師が、幸手地区の地域包括ケアシステムのグランドデザインを示し、協働者たちに働きかけていく。丑久保看護師は、医療・保健の実働部隊として地域に入り、住民とのかかわりを作っていく。

ただし「幸手方式」の最大の特徴は、**あくまでも住民が主体**となって取り組んでいることだ、と二人は強調した。地域の医療化など百害あって一利なし。**医療は**、地域包括支援センター（介護）のカウンターパートナー（**対等の連携者**）であり、生活支援における後方の担い手である。—

―これは中野医師の持論であり、住民と協議を推し進めるなかで、何度となく確認されてきたことだという（第一章の花戸貴司医師も同様のことを述べていた）。

住民主体について、中野医師は次のように言う。

住民がたんに率先して取り組むことだけを、〝住民主体〟といっているのではない。地域における要援護者（病気、障害、困窮など）も、支援の対象にできること（見逃さない感性や視点を、多くの人が共有できること）、どこからでもケアに入ることができること。こうした**重層的なネットワーク**をつくりあげていることが、幸手方式の、最大の特徴である。

また次のようなことも述べた。

住民は行政任せを改め、自分たちが主体となるにつれて、逆に行政の取り組みもスピードアップし本気度が変わっていった。行政の決断がなければ、介入したり、支援に入ったりすることが難しいケースは間違いなくある。そのとき、どこまで行政がフットワークよく動いてくれるかは、患者本人や利用者にとって死活問題となる。こんなふうに**行政が変わった**ことも、〝住民主体〟がもたらした大きな変化だ、と中野、丑久保の二人は述べた。

幸手・杉戸地域が置かれていた状況

幸手市は埼玉県北東部、利根川を挟んだ茨城県と隣接する。人口五万三千ほど。高齢化率は二八・一％（いずれも平成二六年度の住民基本台帳より）。

以前より幸手市は、深刻な医師不足に悩んでいた。病院は多くの患者を抱え、しかも診療効率が悪く、重症患者は適切な医療機関での治療が受けにくいという事態になっていた。救急も受け入れ過剰による機能不全が危惧されていた。

そこで「埼玉利根保健医療圏」（行田、加須、羽生、幸手など、九市町村）の**医師会、自治体、保健所で構成する医療ネットワーク「とねっと」**を構想し、二〇一〇（平成二二）年に、国から認可されるところとなった。

この「とねっと」では、次のことが確認されたという。

自分の住まう近隣地域に、かかりつけ医を持つこと。容体が重症化したり急変したとき、専門検査や手術が必要になったときには、中核病院で治療を行なうこと。言い換えれば、医療機関の機能分担を明確にすること。そして各医療機関は患者情報を共有すること――これらの方向を打ち出し、地域医療連携に取り組んできた。患者は医療機関などから参加申し込みができ、二〇一四（平成二六）年現在で、一一六の医療施設と二万人を超える住民が参加しているという。

ところが、ここにいたるまでには、簡単にはいかなかった。

病院が機能分担を明確にすることによって、高齢の住民にとっては、逆に医療につながりにくくなった。昔はどこの病院に行っても診てもらえたのに、病院の仕組みが新しくなったことで、自分の病気がどこに行けば診てもらえるのか分からなくなった。

専門病院はどこにでもあるわけではないから、遠くまで行かなくてはならない。これは高齢者にとっては、病院への足を遠のかせる要因となる。

結果、アクセスの困難な高齢患者が増加し、重症化してからやっと救急車で運ばれるという事態を招くようになった。高齢者の健康が損なわれるのはもちろん、救急医療現場の疲弊まで大きくさせるし、その受け皿となる急性期の病室が足りなくなる。そして患者は短期間のうちに病院を転々とさせられる。

中野医師は言う。

「高齢化が進むことで、抱えもつ疾病構造は変わっていきます。地域の互助機能や家族機能の著しい低下も、一気に顕在化してきました。在宅医療も、個人が単発的におこなっているだけでは限界があります。近年は長期入院ができなくなっているから、退院を余儀なくされた場合の受け皿としての役割が、在宅医療の主たる機能となっているようなところがあった」

筆者のこれまでの取材からも、在宅医療は、患者の現状を維持しながら生活の安定を図るという点では力を発揮するが、悪化した症状を改善させる治療は不得手であるということは、よく耳にしてきた。

しかし病気の重くなった高齢患者は、介護サービスを使いたいと考えても、どんなサービスがあり、どこでどんな申請をすればそれが受けられるのか、**多くの基本的なことが分からなかった**。地域包括支援センターが作られてはいたが、連携体制はまだ不十分である。「**ケアの受給ギャップと個人差の拡大**」と中野医師が呼ぶ事態が、様々な地域で浮上していた。

団地と病院

つなぎ役としての「暮らしの保健室」

高齢であっても、病気を抱える人であっても、その人なりに地域での生活を安定させ、在宅と医療と介護、人、地域をつなぐためにはどうすればよいか。

丑久保看護師と中野医師が、そのときに**モデルとしたのが、新宿区の戸山ハイツで秋山正子看護師**が立ちあげている「暮らしの保健室」だった（秋山看護師の取り組みについては、『ルポ認知症ケア最前線』［岩波新書］で1章を割いて紹介している）。

丑久保看護師は、秋山看護師の元に研修に赴いた。そして、「**暮らしの保健室　菜のはな**」（以下、菜のはな）と名づけられた住民の居場所、溜まり場が、幸手地域にもできあがることになった。二〇一二年のことだった。

翌、二〇一三年には、実施主体を幸手市と北葛北部医師会とし、中野医師が常駐する東埼玉総合病院は、医療、介護など、各地域の情報の集約や発信を行なう拠点となった。その情報の仕切り役が中野医師である。

丑久保看護師は地域に足を運んで高齢者とつながり、様々な相談に応じていった。ここでの相談を踏まえ、状態に適した医療が受けられるよう、病院や開業医への橋渡しをする。このコーディネート業務が、丑久保看護師の重要な仕事のひとつだった。

もうひとつは、病気や介護予防など、地域住民への健康情報の発信・啓発といった保健活動で、この取り組みを通して住民の様々な情報にふれることができた。

いま、「適切な医療機関への橋渡し」と書いたが、診療所の医師にとっては、経営に直結するデリケートな問題である。この患者を専門機関に紹介したいといっても、「紹介状」や診療報酬の裏付けでもない限り、かかりつけ医が手放しで賛成してくれるとは限らないだろう。中野医師は言う。

「『とねっと』を作る段階で、医師間で、利害調整もふくめてそうとう踏み込んだ話し合いがなされたのです。あそこでだいぶ『膿』が出たと思います。これがベースにあったことが、その後の活動を楽にしています。医師会の調整は、ほんとに大変でしたから」

医師たちへの直接のつなぎ役となっている丑久保看護師は、次のように言う。

「自分たちの医療機関が、患者さんを独占したくてやっているのではないこと。専門病院から退院したときには、また元のかかりつけの先生の所に戻ること。これらをしっかりと伝えます。病院を移りたいという相談が私のところにあった場合、まずは開業医の先生に伝え、こちらの患者さんが専門の病院で見てほしいと言っていますが、状態がはっきりするまでの間、A病院に入院させてもらえませんか。すると、二つ返事です」

医師たちと向き合い、時間をかけて、自分たちが何をしようとしているのかを説明してきた。医師の協力を得ることで、病院と診療所に生じがちな問題はクリアしてきたという。

「ケアカフェさって」で情報交換

「暮らしの保健室」は、先ほど述べたように、東埼玉総合病院の一室に事務局の機能と、最少減のスタッフが常駐するだけである。当初から、「暮らしの保健室」を地域内に複数カ所設置することは、経済的にも人的にもコストが嵩む。そこで、地域で自主的に互助活動に取り組む住民を探し、彼らとタッグを組む、という発想を取った。現在、菜のはなの地域拠点は、幸手地区に五カ所。杉戸地区にも五カ所あるが、いずれも同様である。

中野医師は言う。

「我われの事業を大きく分けると、二つになります。一つはヘルスケアをどう統合するか。医療・介護・保健・福祉、住宅と、様々なものが入っていますが、それが、『ケアカフェさって』という、医療と介護の連携や多職種協働を目指すカフェ形式の研修会の名称で、そこで情報交換されています」

「ケアカフェさって」には、二七職種、一一〇〇人以上が参加している。

「最近では住民の方も入ってきていますが、この地域の高齢者の医療や介護をどうすればいいかをみんなで話し合い、方向付けをしていくための学習や意見交換の場です」

ケアの担い手たちを統合し、地域で暮らすときに潜在リスクのある方に適切にサービスを届けたい。そのためにはコーディネートをする必要があるが、それはまた、ケアの担い手となっている人々の、一人での抱え込みや、オーバーワークを防ぐという、「担い手たちのケア」という意味も持っている。

地域と協働するからには、地域で活動するケアの担い手たちを、育成していかなくてはならない。住民たちとの連携である。これが二つ目の事業だった。

医療を通じた街づくりでは**ない**

「地域包括ケアシステムは、そもそも地域レベルの課題の解決を目的としたものですね。では幸手方式が、どんな課題を解決しようとしているか。それは地域医療の受給ギャップを埋めたいということです」

先ほども触れたが、**本当にニーズのあるところに、ケアが届けられていない。ギャップが生じている。**それゆえ、様々な健康問題が生じ、救急が疲弊するという悪循環が生じてきた。それをどう埋めるか。

ここで、公助、共助だけでの対応は財源的に不可能であり、自助、互助と組まざるを得ないという問題が出てくる。では、どこと、どうやって組むのか。

「私は『行政＝公助・共助』対『住民＝互助・自助』と、二項対立的に捉えていたのですが、実際には中間にキャスト的な方がいて、互助的なインフォーマルサービスを提供しているのです。それをやって何か得があるのだろうか、というような方が、誰かをケアしている。それが分かった。そういう方たちを応援するのが、まず第一歩ではないか。中間に入る方をコミュニティデザイナーと言っていますが、ぼくらが彼らを後方支援することによって、地域と、医療・介護が直結できるような構図を作る。そう考えたのです」

これが、中野医師が、地域包括ケアシステムを「医療と介護の連携」というような専門職だけの発想に終わらせずに、自助・互助という、文字通り〝多職種〟との連携を考えていく過程だった。ただし、と中野医師はいう。

「公衆衛生的な手法や、医療的な視点を前面に出して地域に入ってしまうと、地域を医療化してしまうことになる。医療は地域に入っていかないといけないが、あくまでも対等な立場としてであり、支え合うためのツールとして、医療をどう使ってもらうか。地域の問題を解決するのは医療ではなく、地域の人であり、問題解決するときの手段の一つとして使えるよう、いまのような仕組みにしてきた」、と強調する。

「ここは重要なところです。私は、医療を通じた街づくりという考え方には反対なのです。街づくりに医療が参加するのは問題ないのですが、街づくりは住民がやるべきです。地域を医療化して街づくりをするというのは、おかしな構図です」

なるほど、と筆者にも思えた。

「たしかに地域包括ケアには街づくりという側面があるわけですが、地域包括ケアのために街づくりをやって下さい、というロジックは、やはりおかしいわけです。彼らは街づくりをする。我々は医療の側から地域包括ケアを提供する。そのときにどうやったらうまく組めるのか。そういう発想で考えていったら、現在の形になったのです」

コミュニティデザイナーと地域ケア会議

次は、コミュニティデザイナーとは、どんな役割をもつのか。その点について触れてみよう。

幸手・杉戸両地区に、「暮らしの保健室」を立ち上げていることはすでに触れたが、立ち上げるのはコミュニティデザイナーである。彼らによって、そこに持ち寄られたアイデアが検討され（その企画は「しあわせすぎ」と呼ばれるという）、実行に移されていく。

「我々は、彼らが立ちあげた暮らしの保健室に、定期巡回をかけます。つまり、リソースはわれわれが提供するから、場所や人などのインフラは、コミュニティデザイナーの方々

中野智紀氏（右）と丑久保広子氏（左）

に無償で提供していただく。彼らがどうして無償で提供できるかというと、われわれのリソースが、彼らの目的にもかなっているからです。目的が合致しているからです」

メンバーは様々で、子育てを終えた主婦、これまで離婚やシングル親のもつ孤立など、女性たちがかかえる家庭内の問題と関わってきた人、地域ともっとつながりたいと考えている僧侶、そのほか、街づくりの初級者もいれば上級者もいるというようにきわめて多様である。誰でも参加できるし、出入り自由。セミプロのような専門家集団に占められていないというのが、幸手方式の特色のひとつである。

二つ目。厚生労働省が想定する地域包括ケアの範囲は一中学校区だが、それでは大きすぎるということで、活動を狭い地域に限定したこと。なぜこれが重要か。

「彼らが行なうインフォーマルサービスは、地域コミュニティと直結していますので、例えばその地域でやっている人に、お金を支払うから、少し離れたこちらの地域でもやってほしいと言われてもできない。その人はその地域だから頑張るわけです。

住民主体で地域コミュニティの再生をしていく、地域包括ケアシステムを作っていくということになったとき、基本的には、住民たちがここは自分の地域だと思っているその場所を超えては動かないのです」

なるほど。この点も、微妙だが住民にとっての重要な動機付けになっている。文字通りボランティアであり、自主的な取り組みである。そのとき「お世話になった地域だから」「幼少期の思い出があるところだから」「知り合いがたくさんいるから」といった個人的な事情が大きく働くことは、活動のモチベーションになる。

逆に言えば、幸手方式にとっては自らの意思で、自らの動機を自覚してコミュニティデザイナーとなる人をどう発見し、どうつながることができるか、この点が重要になる。

中野医師はここでも、しっかりとセーフティネットをつくりあげていた。

「われわれは、地域ケア会議を大きく分けて三つ持っています。一つは『**みんなのカンファ**』。定期巡回していますが、持ち込まれる相談を、彼らに抱えこませてはいけないということで、その場で、彼らが抱え込んでいる問題を解決するためのカンファレンスを行ないます。必ずしも住民全体で地域ケア会議を開けるほどの、基盤のしっかりした地域だけではないのですが、コミュニティデザイナーが一人いれば『暮らしの保健室』が立ちあがり、後方支援を『みんなのカンファ』で行なうという仕組みです。そのどれもできない地域では、地域包括支援センターに拾ってもらって、ケア会議を行なっています。

もう一つは『**有識者会議**』といい、行政が主導する地域ケア会議です。医師会、歯科医師会、薬剤師会。ただうちの特徴は青年会議所やロータリークラブ、ライオンズクラブ、街づくりNPOとか、幸手市内のほとんどの団体がそこに参加します」

この会議の目的は、高齢社会のあらゆる問題に関し、オール幸手でやっていくことである。地域の課題を挙げ、必要な支援につなげるという活動を通し、限られた資源をいかに効率よく投入できるか。いわば、市を挙げて高齢社会を乗り切ろうという住民への意思表示である。

ハイリスク地域と困難ケースにはどう対応するか

しかしそれでも支援の困難なケースが生じるのではないか。たとえば高齢者が集中し、認知症の患者が多い、重篤化している人がいる、コミュニティ機能や自治体の機能が壊れ、コミュニティデザイナー不在、といった地域も皆無ではないはずである。

「おっしゃるように、リスクのとても高い地域があります。幸手団地や高度成長期に一気に人が集まり、一気に高齢化が進んでいる住宅地があります。そういう地域にはもっと包括的に入ります。住民主体で『健康と暮らしささえあい協議会』を立ち上げていただくのですが、〝住民主体〟の意味は三つあって、トップには自治会の会長になっていただく。二つ目がこの活動を自治会の活動として、明文化してもらう。三つ目は、そこに行く我々は招聘書をもらっていく。この三つです」

協議会で「くらしの保健室」を立ち上げるが、そこに足を運ぶことができない高齢者もいるため、そのときには健康生活アセスメントを目的とした全戸調査を行なう。

「この全戸調査のデータ、くらしの保健室のデータ、それから地元の民生委員、自治会の人、などがもっている情報を持ち寄り、最近困っている人がいるかどうか話し合い、**定期的に、必要な支援につなぐための地域ケア会議を住民主体で行なっています**。住民主体で地域ケア会議をやっている地域は、全国でここだけだと思います」

きわめて重層的なセーフティネットが張り巡らされていることがよく理解された。

さらに尋ねた。では、精神疾患などを抱え、引きこもっている人、医療や介護を拒否している人、認知症をもち、無断で外出する傾向が高い人、というようなケースにはどう対応するのだろう。

「最終的な解決はできませんが、コミュニティデザイナーさんのどなたかが、ずっとフォローしているはずです。そしてつながった、ということになると、情報交換が始まり、みんなに共有されます。そうやって地域全体の問題解決レベルが上がっていくのです。そうか、そんなふうにここに電話すればいいのか、みたいな感じですね」

幸手方式には他にも様々な仕掛けがあり、すべてを紹介できたわけではないが、以上がおおよその全体像である。

「暮らしの保健室」について

最後にもう一度、話題を「暮らしの保健室」に戻そう。相談室への相談件数は、初年度一八三件、次年度四五一件、二〇一四年の今年度四〇〇件ほどになっている。年々増えてきているが、全員をフォローしている。

初年度の一八三件のうち、七二件は、どうやって病院につながっていいのか分からない、という人たちだった。丑久保広子看護師によって、そのうち重症と判断された三五件が東埼玉総合病院に、軽症と判断された三四件がかかりつけ医に紹介された。三五件のうち四件が入院。一四件が重症と判断されて専門医へ。一件が死亡事例だった。

中野医師は言う。

「われわれが思っている以上に、地域にはリスクを抱えた方が相当数いて、いかに医療につながれていないかが、よく分かるデータだと思います」

だからこそ、「暮らしの保健室」の重要さがある。ところが、通常の健康相談と何が違うのか、とよく質問をされる。健康相談は「病院へ行ってください」と答えて終わりになる。くらしの保健室は、医師会や「ケアカフェさって」で医療・介護の情報をすべてもっており、「これからどこそこのクリニックに連絡するから、行ってください」と伝え、さらに翌日には、「ちゃんと行ってくれましたか」とフォローする。それが、くらしの保健室と通常の健康相談の一番の違いだという。

そして丑久保看護師は次のようなことも述べた。

「暮らしの保健室をやりますよ、というと二〇人ほど集まってくださるのですが、せっかくですから、健康にいい話、病気を防ぐ方法などをアピールします。ところが最近、住民の皆さんの耳が肥えてきて、もっと詳しく知りたいとか、医師も呼んでほしいというリクエストが出たりします。そういう所へ行くときには、きちんと下調べをして行かないといけないのです」

中野医師は、次のようにまとめてくれた。

医療機関に関しては、「とねっと」によって統合はある程度できている。在宅医療に関してもそうだし、地域コミュニティもある。問題は、この三つがばらばらだったことだという。

「地域コミュニティからは、ボロボロになった状態で、救急車で運ばれないと、急性期の医療にはかかりにくかった。受診している人やたまたま紹介してもらえた方はいいんだけれど、医療機関につながっていない人は病院にはかかれないわけです。そういう方を、菜のはなとか地域包括ケアでうまくコーディネートして、在宅だけではなく、外来も入院も、介護も福祉も、全部のリソースを統合して、ベストの状態でお届けするのが、我々の仕事です。退院支援を一生懸命やっているのが宇都宮宏子さん（看護師・第2章参照）ですが、その先のことで苦労されています」

4 高橋紘士氏（高齢者住宅財団理事長）を訪ねて

なぜ地域包括ケアか

施設依存、病院依存から脱する策を実例から探る

ここまで報告してきたように、本書は、**地域包括ケアシステムについての現場のルポ**である。なぜ地域包括ケアシステムか。もう一度、確認しておこう。

まずはコストの問題。国が、まがりなりにもそれを推進するのは、一人当たりの医療費（や社会保障費）の抑制が、目指すべき目的であることも、簡単に触れておいた。

ただし、ちょっとしたミステリーがある。ここから始めよう。

地域包括ケアシステムで医療費は削減されるのか

地域包括ケアシステムは、在宅での医療・介護の生活を推進するにあたってのキーワードなのだが、それが、通常の医療（一般医療）に対してどこまで医療費の削減が図られるのか、両者を比較して明確に論じた論文が、筆者が探した限りではほとんど見当たらないのである。

次のような説明は、散見された。たとえば、介護予防、検診（病気予防）が周知されることによって生じる医療費の削減。高齢者に多く見られるような多剤投与による薬剤費用の無駄の削減。主治医（総合診療医）と病院の機能分担を明確にすることで、大病院へのコンビニ通院ともいうべき不必要な通院の抑制・軽減（これは、より効果的な医療サービスの提供となる）……。

筆者の知るかぎり、おおむねこうした方向で、地域包括ケアシステムの利点が説明されてきた。

しかし繰り返すが、具体的に、地域包括ケアシステムの効果対費用がどれほど削減されていくか、研究者によって比較して算出された具体的データを、いまだ筆者は目にし

ていないのである（おそらくは筆者の不勉強ではあるが、雑誌連載時の担当編集者にも協力して探してもらったが、やはり見つけられなかった）。

一つだけ、次のような報告はあった。

先の引用が掲載された『健康保険』誌の同号の特集記事に、新井光吉氏（埼玉大学教授）が、地域包括ケアがいかに医療費の抑制に効果があったかを分析し、その報告をしている（「Ⅲ地域包括ケアの医療費抑制政策」「地域包括ケアの構築とその意義」所収）。

専門的な内容となっているが、おおよそ、次のような指摘がなされていた。

一つは、長野県の佐久病院の例。一九五九年、八千代村が全村健康管理（一五歳以上の全村民の健康台帳の作成、年一回の健康診断、予防医学的啓蒙活動）を始めたことにより、病気が早期に発見され、重症患者の減少につながったという例を示し、次のように述べる。

「その結果、同村民1人当たりの国保医療費は南佐久郡全体と比べて1959年の1・24倍から1967年の0・85倍にまで低下した。（略）たとえば、当時は胃がんの場合、早期手術ならば3週間ぐらいの入院費用も5～6万円で済んだが、症状が進行すれば3～4カ月の入院で50～60万円の費用がかかったからである」（p20）

新井氏によれば、地域包括ケアの盛んな長野県は、〇七年度まで老人医療費が全国平均よりも三割ほど安く全国一安かったといい、「もし全国の都道府県が長野並の老人医療費になれば医療費を2・5兆円も節約できるといわれた」（新井）。データを示しながらの詳細な報告はまだ続くが、この報告で、ひとまずは十分かと思う。

そして、やはりもう一つの医療先進地域である広島県御調町の公立みつぎ病院の例も報告されている。その結論部分を引く。

「その結果、御調町の1人当たりの（国保）老人医療費は1985年には6％下回り、それ以降も相対的低水準を維持している。在宅ケアの充実が寝たきり老人の発生を予防し、重症患者を減らしてきたからである」（p21）

と書き、地域包括ケアが医療費の抑制に効果があることを論証している。

さらに文献を訪ねていると、地域包括ケアが注目され、全国的な取り組みとなっていったのは、医療費の抑制だけではないという問題があった。高橋紘士氏（高齢者住宅財団理事長）の「地域包括ケアシステムへの道」（『地域包括ケアシステム』高橋紘士編・オーム社・所収）では、次の点も指摘されている。

先のみつぎ病院の山口昇医師がこの取り組みを始めたのは、一九七〇（昭和五〇）年代。長寿化とともに長期療養者が増え、療養が長期化し、老人医療費の増大化が重要な政策課題となり始めた時期だったという。以下「地域包括ケアシステムへの道」（高橋紘士）より。

山口医師によれば、生命を取りとめた、脳卒中等の患者のその後のフォローアップを通じて術後生存率の向上のみを目指す治療（キュア）だけではなく、むしろ生命を取りとめた患者の生活の質（QOL：Quality of Life）を維持するうえで、生活支援としてのケアが医療と同等に重要な役割を果たすという認識にたって、このような包括的ケアを「地域ケア」として実現することを実践の指針とした。ここで地域を単なるエリアではなく、地域住民の相互関係による支え合いとしてのコミュニティとしてとらえたことが重要である。

そのことから、国民健康保険の保険者が設置する直営の医療機関の強みを生かし、町の福祉行政を一体化し、医療・保健・福祉の文字通り包括的推進体制の構築を目指すキーワードとして、この「地域包括ケアシステム」という概念を創唱したのだった。

この概念は、まさに長期ケアの一般化の中で、医療のみで長期ケアを担うことが困難であるという認識に立った先駆的な実践家からの課題提起であった。

何のための連携か

筆者は高齢者住宅財団に、高橋紘士氏を訪ねた。何のための地域連携か、地域包括ケアシステムかという問いを、もう少し掘り下げて伺ってみたいと考えたのだった。これまでの記述と重複するところもあるが、以下は、その報告となる。

地域包括ケアシステムは、連携のシステムを作ることそれ自体が目的ではない。あくまでも、その人の「生病老死」を支えるためであり、人生の目的を実現するための連携である。高橋氏の取材はそんな話題から始まった。

「サーバント（servant）という言葉がありますね。奉仕する者。これが専門職のベースでしょう。ケアの専門職とは、人の『生老病死』を支える目的のために奉仕する存在であり、連携はそれを実現するためのものです。自分がすべてを支配し、仕切り、この人を治してやっているんだというのではなく、多様な職種の人が集まったチームのなかで、ある役割を担って仕事をしている。生活の願いを実現するための存在として、専門職は関わっている。サーバントです。そう考えれば、連携というものは、じつは簡単にできるはずなのです」

しかし、日本はいまだ医師を頂点とした身分制専門職を脱していない。どうやって横のフラットな関係にするか。

「連携は縦の関係ではないはずですが、ただ、それぞれの職種が専門性に裏打ちされた力量がなければ縦の関係になってしまう。現場現場で力量を発揮するモチベーションがあって、初めて連携は可能です。ぼくは、〝悔い改めた医者〟と呼んでいるんだけれど（笑）、悔い改めるというのは神との関係です。レスペクト（respect）なのです。仕事にレスペクトがあるかどうか。日本語でいえば、あなたはお天道様に恥じない仕事をしているか、という言い方がありますが、それがあって、力量が見合うものかどうか、という問いかけをつねに含みながら、専門家は仕事をしなければいけない。そうぼくは思います」

介護職は逆に、自分たちは低く見られている、と考えてしまう。それをどうやってフラットな関係にするか。力をつけなくてはならないし、自分たちのモチベーションを上げていかなくてはいけない。それが連携の前提にある、関わりの意識だろうという。

高橋氏は、感銘を受けた医師として、**公立みつぎ総合病院の山口昇医師**の名前を挙げた。重複するが、再度紹介したい。

「山口先生は一九七〇年代に始まった地域包括ケアの元祖ですね。自分が手術をした患者さんが治療を終え、『先生、ありがとうございました』と帰っていく。ところが一年経ち、二年もすると、認知症や寝たきりになって再び入院してくる。普通の医師は、自分が手術をした患者さんのその後は見ないわけですが、山口先生は、全力を尽くして命を救った人がこういうかたちで戻ってくるが、これはどうしてなのかと考えたというのです。そして退院した患者さんの予後がどうなっているか、すべて調べさせた。それが寝たきり老人の発見につながります」

何のために全力で治療をしたのか。その人が、自分の人生を全うしたいという願いがあるからだ。そのことに気がついた。

「人生を全うするための医療でなければならないのに、自分は寝たきり老人を作るのに加担してきたのではないか。それを防ぐためにはどうするか、というところから、予防・治療・リハビリテーションというこれまでの医学の流れだけではなく、介護や福祉の重要性に気づいていった。山口先生の卓見は、そこに住民参加を入れたことです。〝病院の時代〟のなかで、いわゆる『地域包括ケア』という考え方を紡ぎ出したというのは、ほんとうにすごいことです。しかし、その当時は医者ともあろうものが医師の本分にもとることをしていると、非難されたと山口さんが仰っていたことが時代を感じさせます」

それが二〇〇五年の厚生労働省の高齢者介護研究会で、介護保険は保険給付だけではなく、継続的なケアへの対応も必要になる、そうなると、介護保険で完結できず、制度横断的に地域で対応する、という話につながって、地域包括ケアシステムの導入へと至る。

地域連携で病院のあり方が変わる

「ここまでは専門職間の連携の話だったけれど、ここからは制度間の連携がテーマになります」

高橋紘士氏は、次の話題をそう切り出し始めた。高齢者や障害をもつひとの長期ケア（ロングタームケア）の問題は、日本の経済成長が成功したからこそ起きた結果である、とても興味深い見解を述べる。

「現在、思ったほど効果のある経済政策を打ち出せずにいるとき、ケアの仕事がどういう位置づけをされているか、自分たちの仕事の意義や意味をしっかりとアイデンティファイ（確認）するためにも、よく考えてみなければならないと思います」。

この取材時、介護報酬が2・2％切り下げられることへの危惧が、新聞で論じられていた（二〇一四年一月一六日「東京新聞」社説）。政府は、特養などの内部留保金を見込んでの引き下げだ、という説明をしているというが、これでは現場が人材難となり、「介護職員百万人の増員」という目標はほとんど絵に描いた餅にならないか。そう高橋氏は言う。

また、ケアの質を一気に低下させかねず、その現実は、医療への負担増となってはね返ってくる。氏はさらに、生活困窮にある高齢者、独居高齢者などに対し、都市から地方に移住させるという現象が、さらに拍車をかけることになると危惧する。それは都市問題だと言われるが、地方と大都市は連動しているのだから、複眼的に両方を見ていかなくてはならない。**例えば夕張市**。

「森田洋之さんという医師がいます。現在は異動していますが、夕張診療所の二代目の所長です。『社会保険旬報』の一一月号（一四年）に、夕張の高齢者について、データを駆使しながら、病院がなくなってから夕張で何が起きたかを論じています。じつは、住民が幸せになったのです。疾病構造が変わり、死亡率が減り、老衰死が増える。医者に頼れないと覚悟した途端、セルフケアと互助が活性化し、医療依存が低くなる、そしてみんなが健康になっていく。そういう報告です。これはすごく示唆的でした」

筆者は、森田医師の講演筆録をインターネットで拝見したが（http://logmi.jp/19478）、市内の総合病院がなくなり、一九床の診療所になった。心筋梗塞や交通事故などの場合は、札幌までドクターヘリで搬送するが、そもそも救急車の搬送率が減っている。最も大事なことは**市民の意識が変わった**ことだ、と森田医師はいう。医療費が減り、死亡率も下がった。現在の夕張の姿を地域医療の一つのモデルとして発信したい、と森田医師は強調する。

高橋氏は言う。

「森田さんはその後、その経験を本にまとめ（『破綻からの奇蹟―いま夕張市民から学ぶこと』）、今年（一六年度）の医学ジャーナリズム大賞を受賞しました。ご覧になってみて下さい」

そして高橋氏の話題は、**福岡県大牟田市の白川病院**（第3章参照）のことに移った。

「白川病院は、昔は『棺桶に入らないと出られない』と言われるような療養病床中心の病院でしたが、そこに猿渡新平さんという若いソーシャルワーカーが入り、地域づくりをやるのです。地域に、自治会をベースにしながらＮＰＯを作り、生活支援をする。地域の高齢者は外に出かける機会が増えるわけですから、社会参加にもなる。そして空き家を借りて、白川病院に入っていたお年寄りを、そこへ退院させていくのです。

在宅退院率が三〇パーセントを超えました。病院は回転率が上がりますから、診療報酬が入ります。看護師やスタッフは、自分たちはこの患者さんを退院させるために支援をしている、と考え、積極的に地域と協働するようになります」

空き家を借りて一人暮らしをしている高齢者には、生活保護を受給する認知症の人も含まれている。同じ住居の空間を使い、たまり場をつくり、見守りを兼ねてスタッフの誰かが毎日顔を出す。地域の人たちにとっても、それは介護予防活動になる。そうやって地域と病院にウィンウィンの関係ができてくる。それは地域との連携の成果だ。そう高橋氏は言う。

「地域との連携を図っていくことにより、病院のあり方が変わります。地域の人にとって『あの病院』だったのが、『私たちの病院』になる。白川病院は療養病床が多い病院なんだけど、近隣の急性期病院から見たら、あそこへ入れれば地域に出してくれるということが分かるからどんどん送りこんでくれることも相まって収益が改善され、それを使ってサービス付き高齢者住宅を開設したり、いろいろな事業展開ができるようになったのです。多くの病院はバリケードを張ったように閉じこもっているけれど、**白川病院のような地域との成功モデル**が現われてきた。これは学ぶべきですね」

高橋氏は、病院が地域と協働する、地域と連携する、地域に支えられる、これが連携のポイントであり、特養のような介護施設でも同じだという。

施設系介護のあり方と連携

そして、**ホームホスピス宮崎「かあさんの家」**について述べ始めた。NPOの理事長は市原美穂さん。前身は一九九六年ごろ作ったホスピスだった。**生活の音やにおいのなかで看取りを迎える**、そんな場としての「もう一つの家」がコンセプトだという。既存制度の枠組みにはないものだったため、当初は行政の理解を得るのが難しかった。

しかし今では、宮崎市が施設ではなく住まいと見なし、入居者の家賃の半額を補助していると同時に、全国に普及し始めたホームホスピスに日本財団が物心両面の支援をしてくれている。ところが、一方ではホームホスピスを施設と見なし、規制をかけようとする動きもある、と高橋氏はいう。

ホームホスピスとはいえ、家族がいない人には支える仕掛けが必要であり、「かあさんの家」では、その仕掛けによって生活機能と心が回復するケア、〝魂を呼び起こすケア〟がなされている。胃ろうをつけていた人が、温泉に行ったり生活の場に戻り、見違えるような表情やしぐさを取り戻すようになった。

「そのためには、専門チームとのネットワークを作らなくてはならないのだけれど、逆に〝いいケア〟が行なわれている現場は、インフォーマルとフォーマルなサポートが、場としての居所も含め（ぼくは〝とも［共、友、伴］暮らし〟と言っているんだけれど）、混然一体となっています。生活の全体性というのはそういうものですね。生活のなかに制度を超えたいろいろな専門サービスが入っている。これが連携の究極的な姿です。既存の施設の限界を乗り超えていますが、サービスを提供する側にそういう目標があるかどうか。しかし現状は、専門性が逆にインフォーマルな互助、関係性や自助をつくれなくしている」

制度を超え、コンセンサスや合意をどうつくるか。それぞれの役割や仕事が、全体の何に貢献しているのか。活動している人たちが、それを感じ取りながら活動できているのかどうか。それが連携の基本的な条件であり、連携には完成形というものはなく、いつも現在進行形であると言う。

「しかしながら既存の制度のしがらみも多く、この課題を解決し、またホームホスピスの質を維持するため、全国ホームホスピス協会を作りました。そして自主的な基準を作り、評価やあり方、既存制度の関係についての検討を始めました」

それから話題は施設介護の話に移った。

「奄美大島の龍郷町や、鹿児島の大隅半島沿いに集落が分散している肝付町では、徹底した地域づくりをしています。そのキーパーソンは、地域づくりを行なうことを使命と考えている保健師たちです。遠方の施設や療養病床を利用することも避けられます。これはこれからの都市部にとって、学ぶべきことなのです。施設を増設しても、施設問題は解決がつかない。どうすればいいか。**施設の回転率を二倍にすれば、施設を二倍作ったことと同じです。そこで患者さんを地域に戻し、病院の回転率を上げる**」

病院も同じだ、と高橋教授は言う。お産のときにイギリスは一日で退院するが、日本は四日。四倍になっている。そして社会的入院の問題。

「しかし龍郷町では、その結果、介護認定率が低下しました。埼玉県の和光市でも、介護予防の結果、重度認定も著しく低下しました。その結果、施設依存が低くなります」

日本の三施設（特養、老健、老人ホーム）での六五歳以上の入所者を合算すると、当該人口の六五パーセントに上るという研究がある。アメリカは三・七パーセント。日本は世界で最たる施設大国だという。それでも施設が足りない施設が足りないと言うが、どうしてなのか。高橋氏は次のように言う。

「結核病院が精神科病院になったり、療養型病院になったり、医療が病床維持型の構造になりました。そして病院は、生活の場、つまりは住まいとしての代替をはたしてきたわ

高橋紘士氏

けです。産業もそうです。高度経済成長時期の社会保障給付費は病院や施設の建設費になり、その資金が建設業に流れていきました。あまり指摘されませんが、社会保障費が地域経済を設備投資によって支えるという構造になったのです」

いま、「**地方創生」と称して地方の介護施設に、大都市の高齢者を誘導しようとする政策**が採られているが、高橋教授は、「人間の生の営みを、物流か何かと間違えているのではないですか。そこには大いなる勘違いがあるように思えてなりませんね」、と強調する。

地域連携論のもう一つのメッセージ

なぜここまで施設依存、病院依存になったのか。直接には一九七三年の老人医療費の無料化が大きな契機になっているが、高度経済成長の成果、あるいは経済成長そのものにその原因が内在されていた、というのが高橋教授の見解だった。

「高度経済成長時代には、農村では現金収入が不可欠だったから、急速に兼業化していきます。昼間は家族がいなくなる。当然、農家の高齢者は日中独居になっていく。一方で生活水準の向上そのものが、高齢者の長期ケアの土壌を形作るわけです。五〇代六〇代で肺炎などの病気で死んでいた人たちが、自宅がアルミサッシになり、炭が石油になり、羽毛布団になり、トイレまで暖房が入るようになる。長寿になり、寝たきりを可能にする条件になっていった。そして大量の障害をもった依存的高齢者を生み出していくわけです。経済成長が大成功を収めたからこそ、現在の超高齢化と呼ばれる社会があるわけです」

さらに言う。市場主義経済は無限の消費を前提にしているが、それはありえないことだ。バブルははじける。だから無限の消費を前提とするのではなく、ケアや連携の基本条件をどう深く考え、人間が協業と分業で生きているのだということを、生きる最大の価値として取り戻していくか。医療やケアは、報酬を運んでくる「物流」ではないのだから。そう高橋氏は指摘する。

無限に消費行動が可能となり、経済成長の右肩上がりもまだまだ継続可能である、という考え方は、根拠の乏しいフィクション（幻想）なのではないか、と筆者なども考え始めている。生産性や効率性が、人間として第一義の価値であると求められ、その有用性が声高に評価される。そして**成果至上主義。いまこの価値観や社会観は、そろそろ耐用年数を迎えつつあるのではないか**。ひょっとしたら（なかなか外には出てこないが）、少子化が進行する一番の原因は、ここにあるのではないか。

「地域ケア連携システム」の取材をつづけながら、そのようなもう一つのメッセージがあることを、筆者は強く感じ続けてきたのだが、いかがだろうか。

「私が関わってきた『**ふるさとの会**』や『**かあさんの家**』などのささやかに見える地域での活動が、これからの潮流を変えていくはずです。『**三方よし研究会**』もそうですし、**地域を耕している人たち**です。天下国家がどう変わっても、結局は、地域を耕し続けることでしか、物ごとは変えられないのです」

ケア、キュア、福祉、看護、医療における地域連携の問題を通して、そのことを伝えたかったのだ、と高橋氏は最後に述べた。

そして高橋氏は筆者に、東近江市で取り組んでいる小串、花戸両医師を中心とした「三方よし研究会」にぜひ足を運んでみるよう、助言してくれたのだった。

【エッセイ1】

社会保障費の世代間分配と世代内分配

若年層にとって〝**正規と非正規**〟**の固定化**が、またさらに進んだようで、一度非正規に落ち込んでしまうと、簡単には、正規採用にはなれなくなる、という恐ろしい事態が今や当たり前のようになって、さらに深刻さを深めている。当然、生涯賃金の格差も、けた外れに巨額なものとなる（ある計算によれば、数億は下らないと算出している統計もある）。

自分たちの福利厚生さえままならないとき、右肩上がりに増大していく社会保障費という問題は、若年層にとっては、どこかはるか彼方の惑星での話にしか聞こえないかもしれない。

また一方、高齢者間での〝世代内格差〟も着実に進行し、固定化しつつある。ここでは詳しく触れないが、「天と地」ほどに異なる両極層のシルバーライフの光景を、これからの日本では当たり前のように眼にすることになるのだろうか。

二〇〇七年以降、この間の社会保障費の「給付」はどう推移してきたか、次に引く。出典は健康保険組合連合会の「健保ニュース」（二〇一五・十一・〇五）

二〇〇七年度の医療費（給付）二九兆五五三〇億円、年金（給付）四八兆八八一九億円。二〇一三（平成二五）年度の医療費（給付）三五兆三五四八億円、年金（同）五四兆六〇八五億円。

二〇〇七（平成一九）年度と比べてどれだけ増えているか。この点だけでも記憶しておいていただけるとよいと思う。そしてこの数字を元に、「同ニュース」には次のような記述がみられる。

「（社会保障の）最大の支出分野である老齢年金や介護などの『高齢』と、次に大きい高齢者医療を含む医療給付や公衆衛生などの『保健』の合計は、総額の8割を超えた。（略）

一方、求職者給付金などの『失業』と職業能力開発支援や雇用奨励金などの『積極的労働市場政策』は、雇用情勢の改善により前年度から減少した」

（前掲誌　11.05.No.2083）

社会保障全体の支出の中で、高齢者関係が八割を超えた一方、現役世代の雇用関係の支出は減少した、と書かれている。

ほんとうに「雇用情勢が改善」したのかどうか、そんな実感はだれも持っていない、と反論されるところではあるかもしれないが、いずれにしても「雇用情勢は改善」したという理由で、若年層に向けた社会保障の支出は抑えられ、高齢関係の支出は増大をつづけている。若年層は積極的に異論を述べたり、投票行動に訴えたりするわけではないから、この事態は、若年層からの強いアピールがない限り、簡単には変化しないのではないかと危惧する。

改めて触れれば、「財源」のなかの「公費負担」とは、国債等のいわゆる国の借金、〝将来へのツケ〟であり、いってみれば、子や孫の、若い人たちの、一〇年後、二〇年後の、健全で豊かに送れるはずの生活に依存しながら（もっとはっきりと言えば「食い潰し」ながら）、筆者を含めた熟年層は、人生の晩年を過ごそうとしている。まぎれもなくそういう構図になっている。

社会保障費の「給付（支出）」と「財源」の、あまりにもいびつすぎる構造という事実は、現在と将来にわたって、日本国にとっての非常に重要なテーマのはずなのに、両者を並べてそのバランス是正を本格的に論じた例を、不勉強にして筆者はほとんど知らない。

高齢・介護の論者も、若者問題をアピールする論者も、それぞれに関連するデータだけを駆使して、それぞれが抱える問題だけを描いていく。両者のどこをどう是正すれば、限られた財源のなかで、いくらかなりとも不公平感の減じる配分となるか、ほとんど語られることはなかったように思う。

もし並べて論じるならば、それを読んだ若年層は、自分たちの不公平感がどこから生じているか、だいぶ可視化され、言語化されるのではないかと思う。

ところで、両者を論じた数少ない例が、千葉大学教授の広井良典氏による『ポスト資本主義』（岩波新書）である。広井氏は左のような表を示し、「人生前半の社会保障と世代間配分」という見出しを付けたなかで、次のように書く。

「注目すべきは、日本は社会保障全体の規模はこれらの国々の中でもっとも『小さい』部類に入るのに対し、高齢

者関係の支出（年金）の規模は最も大きいという点である」（p163～164）

そしてさらに次に「年金制度と世代内・世代間公平」と見出しを付した節で、以下のように記す。

「このように見ていくと、日本の場合、社会保障の世代間配分にかなりの偏りないしゆがみが生じており、大きくは高齢者関係から『人生前半の社会保障』への配分シフトを行う必要がある。ただし、ここには次のようなもう少し複雑な要素が含まれている。／それは年金あるいは高齢者と一口に言っても、高齢者の間で相当な違いがあり、この点を見逃してはいけないという点である。端的に言えば、現在の日本の年金制度では、高齢者への給付において〝**「過剰」と「過小」の共存**〟という状況が生まれている」（p164～165・強調は原文）

表　社会保障支出の国際比較（対 GDP 比%、2011 年）
――日本や南欧は年金の比重が大きい―

		高齢者関係(年金)	社会保障全体
北欧	スウェーデン	9.4	27.2
	デンマーク	8.4	30.1
大陸ヨーロッパ	フランス	12.5	31.4
	ドイツ	8.6	25.5
	オランダ	6.2	23.5
アングロサクソン	イギリス	6.1	22.7
	アメリカ	6.0	19.0
南欧	イタリア	13.4	27.5
	ギリシャ	12.3	25.7
	スペイン	8.9	26.8
	日本	10.4	23.1

高齢者関係の社会保障費を、現役世代に回るような施策をとれば、それで解決かと言えばそうはいかないところに、なかなか難しい問題がある。

女性の年金受給額が低い。「実際六五歳以上の女性の「(相対的)貧困率」は約二割で、単身者では五二%に上るという事実がある（二〇〇九年の内閣府集計）」。広井氏はそう指摘するのだが、二〇一六年現在、単身者はさらに増え、この方々の相対的貧困率は、ますます上昇していることが予想される。

何も手を打たなければ生活保護費の増大を推し進めることになり、社会保障費全体を圧迫することになる。

さらに広井氏は、高齢者間の「世代内公平」と、若い現役世代とのあいだの「世代間公平」をどうはたすか、その処方箋を示していくのだが、それは広井氏の本を直接手にしてみていただきたい。

この難問をどう解いていくか。若者層も、社会保障費における自分たちの権利を主張し始めたとき、それをどう調整するか。そう遠くない将来には、さらに顕在化してくる重要なテーマではないか、と筆者は踏んでいる。

第2章

「認知症七〇〇万人時代」を支える「ひと」を育てる

1　在宅ケア移行研究所・宇都宮宏子看護師に聞く

病院と在宅をつなぐ看護師の役割

「退院後」の生活をどうやって再構築するか

ここまで、地域における連携をどうつくるか、医療や介護、生活支援といった領域で援助する人びとがどうつながり、地域での暮らしをどう支えていくかを中心とした報告だった。そのことは、地域全体の再生・復活にもつなげる必要があるとも述べてきた。

この章では、**看護師の取り組みについて**報告したいと思う。幸手市において丑久保看護師が地域に入って積極的な保健活動をおこない、地域と医療をつなげる重要な役割を果たしていたように、地域ケアや在宅療養にあって、看護師が果たす役割はますます重要になる。地域包括ケアシステムをどう作っていくかという課題を考えるときに、病院から在宅での療養生活へどうつなげるか、というテーマが前面に出てくることになる。

そして早い時期からその重要性を感じ、先駆的に取り組んできた看護師たちが存在する。本章では、そのような二人の看護師の取り組みを紹介したい。

看護師に求められていること

宇都宮宏子氏は、**入院患者が退院し、在宅ケアへと移行する際のマネジメント**を中心に取り組んできた看護師である。なぜ宇都宮看護師に注目させていただいたか。

前述したように、地域包括といい、地域連携というが、筆者はかねてより「移行」の時期をどう切れ目なく支援できるか、そこに地域包括システムのポイントの一つがある、と考えてきた。うまく移行できるか、躓くかによって、その後の在宅生活に与える影響はけっして小さくないと考えるからだ。

移行期の切れ目ない支援。本人の環境をいきなりごっそりと変えてしまうのではなく、事前に丁寧に説明し、準備をする。身体や認知機能の衰えが進んできた高齢者であればあるほど、事前の取り組みは重要になるだろう。そこで、目下精力的に全国を駆け回り、退院支援看護師の養成に尽力している宇都宮看護師に取材依頼を差し上げた次第である。

あらかじめそのメッセージの結論めいたことをお伝えしておくならば、医療と生活をつなぐためのマネジメントを、どう医療の側からできるかということになる。そしてこれからの看護師は、いわゆる医師の補助的医療業務だけではなく、医師（医療）と家族と地域資源、患者本人をどうつなぎ、コーディネートし、よりよい生活をプロデュースできるか、そうした**ソーシャルワーク的なマネジメント能力**が求められているのだ、というものであった。少なくとも、筆者は、そのように受け取った。そしてとても賛同した。

ちなみに東京都看護協会のホームページに「教育・研修計画」の詳細がPDFにて掲載されているが、その「教育方針」には、以下のような記載がある。

① 自から考えて行動できる看護職の育成（実践・自主性・責任・義務・思考・根拠）

② 組織的役割を遂行できる看護職の育成（責任・義務・思考・役割モデル・組織化）

③ 戦略的に行動できる看護職の育成（新しい・組織化・思考）

これからの時代の看護職の方々に何が要求されているか、明瞭にその方向が示されている。さらに、ここで求められているものは、地域包括ケアシステムを運営していく上での、ハードウエア（いわゆる地域資源）に対するソフトウエアにあたるものだ、とも言える。

「退院支援」なしの「退院調整」が圧倒的多数だった

宇都宮看護師は福井県の出身であり、大学で看護を学びたいと考えて受験準備をしていたさなか、父親にがんが発見された。手術を施すも、腎臓から肺へと転移し、五年後には他界。まだがん告知がなされない時代だった。自分の病名を知らされず、人生の残り時間を知らされないまま病院で他界していった父親。最期はこれでよかったのか。宇都宮看護師は、大きなしこりが残ったという。

さらに数年後、実家に入ってくれていた義兄が、同じようにがんで他界する。まだ若く、四〇代。やはり何の告知もないままの死去だった。看護師になって間もないころの宇都宮氏は、このとき、病院医療の何であるか疑問を抱いた。それが訪問看護師になるきっかけだったという。

一九九一年、高松の病院で訪問看護師となる。九二(平成四)年には京都の医療法人が経営する訪問看護ステーションに勤務し、その運営、看護師の教育、採用を任されるようになる。介護保険の始まる前で、ケアマネジメントが対価の対象とは考えられていない時代だった。こうした経験を経るなか、病院医療への疑問が形になっていった。

退院後、暮らしづらさを抱えての退院の場合、入院前の暮らしの場へは帰れない。同じ法人内の病院や施設への転院・転所となる。病棟の看護師たちも、自宅へ戻ることを想定していない。むしろ、最初からあきらめているようにさえ見えた。病院の医療とは、医療者が〝必要〟だと感じる医療であり、言ってみれば管理するための医療ではないか。

二〇〇一年、京都大学付属病院の中に「地域ネットワーク医療部」が開設されたことを契機に、〇二(平成一四)年に京大に移った。ケアマネジャーや患者家族との相談の窓口はできていたが、うまく機能できずにいた。

「外来や病棟のナースが訪問看護を知らないのは当たり前ですから、相談してくれればいいと考えていたのですが、相談に来るころには医療が入りすぎていて、患者を生活の場に戻せない状態になっているのです。入院前に比べ、ADL(日常生活動作 Activities of Daily Life)は落ちている。外来や病棟の看護師は、どんな医療を受けるために入院したのか、その医療によって目指す状態像はどこだったのか、それらを、患者本人・家族と共有することができていない。家族も、患者その人のいない生活に慣れ、いっそう在宅生活から遠ざかってしまう。そんな状態でした」

さらに宇都宮看護師は指摘する。

ドクターは病気の治療には関心を持っていても、在宅の暮らしをどうすればより充実したものにできるか、といったアフターケアに関してはほとんど興味を示さなかった。在宅医療や在宅ケアの知識がないこともある。すでに病状が「障害」として固定してしまっている患者からは、できれば避けたいと感じている。そう思わせるドクターも少なくなかった。

「患者の状態と医療者側の意識に、大きなギャップがあったのです。退院に向けて、準備していかないといけないの

宇都宮宏子氏

ですが、それがなされず、**退院支援**（意思決定支援・自立支援）**なき退院調整**（暮らしの場へ帰るためのコーディネート）**をやっている病院が、圧倒的に多かった**」

患者や家族は、せっかく入院して治療を受けるのだから、快癒し、元の状態に戻れるだろうと期待している。しかし医師は、退院にあたり、次はリハビリ病院に移ってリハビリをがんばりましょうと伝えはするが、それが具体的にどんなプロセスを経て、生活の場に戻ったときにどんな状態になるか、という点までは説明しない。

転院の目的がきちんと説明されないまま病院環境が変わることは、患者本人からすれば簡単に受け入れられることではない。しかし苦情めいたことを言うと、クレイマーのように扱われかねないから、不本意なままの転院を受け入れざるをえない。

ところが、「何を目指して転院するのか」が共有されていないことは、本人にとって諦めや不安につながり、精神的に不安定な状態をもたらしかねない。それなりに活動性があり、筋力も残っており、自宅をバリアフリー仕様にすれば十分に帰れるはずの人までも、帰れない状況になっている。

「せっかくリハビリを頑張ってきて、杖をついて歩けるまでになったのに、家族も病院側も、施設に入っていれば安心だから施設でもう少し頑張りましょう、と施設入所させてしまう。そこが自宅と離れている場所であれば、あっという間に家族の足は遠のいていきます」

広がりつつある「退院支援看護師」養成の重要性

加えて、今ならば過剰医療と言われかねない治療行為や薬剤の投与が、当時は日常的に行なわれていた。その結果、退院できない大量の患者を作りだしてきた。宇都宮看護師の求める医療は、もっと違うものだった。

治療補助も看護師にとって大事な業務であるのは当然だが、患者その人が望む生活をどう取り戻すことができるのか。医療の側からそのマネジメントをし、ケアすることも間違いなく重要な仕事のはずである。そのためにも、看護師としての立場から患者本人への明確な情報提供は不可欠になる。

「患者さん自身が、まず自分の病状をきちんと知ること。老いがもたらしている変化を知ること。場合によっては、治らないという事実や、治療の限界、人生の最終段階であることなど、嬉しくないことも伝えなくてはならない。

けれども、どの患者さんも最後までその人らしく生きる強さを持っています。在宅でそれをどう支えるか。私はそのことを、訪問看護師だった時代に教えられたと思っています。ドクターは医師としての真実を伝え、ナースはどんなふうに生活がしにくくなるか、看護やリハビリやケアを受けながら生活することがどのようなものか、具体的に伝えます。医師と看護師が、両輪で関わることが大事なのです」

宇都宮看護師が勤務していた京都大学付属病院でも、三、四年も経つころには医師に変化が見られるようになった。看護師たちも、自分たちのやりたい看護はなんだったのか気付いていった。

「退院支援は看護そのものであることに気づき、看護部としての教育や仕組みを作り始めたのです」

〇四（平成一六）年、厚生労働省は、医療と介護が連携するためには、病院の中に患者の在宅生活が理解できる看護師を育てなくてはならないと考え、**退院調整看護師養成プログラム**を作成することになった。どんな教育内容にするか、宇都宮看護師はその立案者の一人として招かれた。

現在、そこで作られたプログラムは、都道府県、国立病院機構、全国社会保険協会連合会などによって、看護師向けの研修会に用いられているという。退院支援の重要性が、どれくらい病院に理解されているか、どれくらい広がりをもつようになっているか。筆者は質問を投げてみた。

「多くの病院が取り組むようになり、看護学の専門雑誌に、その報告が出ています。私が京都大学の『地域ネットワーク医療部』に行ったのが〇二（平成一四）年、退院調整看護師の養成プログラムができたのが〇五（平成一七）年です。私と同じような思いを持ちながら訪問看護に取り組み、再び病院に戻ったナースも何人かいたのです。そうしたナースたちが、現場で影響力をもつようになりました」

宇都宮看護師によれば、西高東低の傾向があるという。京都、大阪、兵庫、広島あたりが、ナースたちの取り組みの積極的な地域であり、それに比べると東京はやや活発さに欠けるという。少なくとも、以前まではそういう傾向があったが、東京都でも詳細な研修計画を作成し、新時代に向けた看護師の養成に本格的に取り組み始めていた。

一方で宇都宮看護師は、地域特性というものはたしかにあるようだ、と述べる。

「病院の問題だけではなく、在宅医療の推進状況など、地域に行けばそれぞれ歴史があり、文化があります。都市部は病院が多いので、特性を考える前に選べてしまうということがありますが、病院の少ない地域ほどいろいろな試みをする必要がある。そのなかで住民自身が、これがいいというものを選んでいくことになるでしょう」

なぜ急性期病院から退院できないのか

多くの急性期病院で、退院支援がうまくできていない。取材中、宇都宮宏子看護師は、幾度か、はっきりとそう口にした。そして次のようなことも述べた。

「いまの看護師は、学生時代に在宅看護論を学んでいます。しかし卒業後、多くの看護師は、急性期病院に就職します。そこでやっていることは、急性期が落ち着いたらひとまず転院。要するに、次の病院に送りだす『転院調整』なのです。一人一人を暮らしの場へ戻そうという『退院支援』を経験することは少ないのです」

大病院の急性期しか知らないナースは、視野が狭くなっていないか。目の前の患者しか見えていないのではないか。たとえば高齢の患者は救急搬送された直後、不安で暴れ、治療するために抑制しなくてはならないような状況に置かれることがある。そこからナースの仕事はスタートする。

高齢者は、突然重症になるわけではないし、いつも暴れているわけでもない。たまたま肺炎になったり、転倒で骨折したりして病院にやってきて、あっという間にＱＯＬ（生活の質 Quality of Life）が下がり、退院のできない〝病人〟になる。

なぜ急性期病院からの退院がスムーズにできないのか。宇都宮看護師は、その理由を三点にまとめている。氏の論文「退院支援から地域連携へ」（『地域連携論』オーム社所収２０１３）を参照しながらまとめてみる。

・**退院後の在宅のイメージが持てない。**

看護師に、在宅医療・ケアの知識が少ないため、在宅で継続可能な医療がどのようなものか分からないまま、退院は無理だとすぐにあきらめてしまう。これは患者の意欲低下を招く。

・**患者を総合的な時間軸でとらえることができない。**

入院から退院までを、さらにはその後の在宅生活が続いていく、という長い時間軸でのケアを考えることができない。

・**自立生活の場へ移行する（退院する）際の、患者への自己決定支援が難しい。**

入院のあいだ、患者は管理され続け、物事が病院側の主導で決められていく。これでは、本人の意向の尊重は名目にすぎなくなる。在宅療養を選択するという意思を、どう患者主導のそれにできるか。

これらの三点は、退院できない理由であるとともに、宇都宮看護師が病院勤務のあいだに持ち続けてきた問題意識であり、いまも、これからも取り組んでいくべき課題であった。

退院移行のための具体的な支援の流れ

患者を総合的に「時間軸」で見る。これは重要な視点だと思えた。宇都宮看護師は言う。

「入院前の暮らしがあって、入院時のスクリーニングがあって、急性期があって亜急性期があって、退院後も二週間はしっかりフォローしましょう、という認識を、みなが持つようになりました。そうやって退院に向けた方向性を共有する。どんな思いで生活をしてきた人が入院し、治療を受けているのか。患者さんだけではなく、家族の思いもあります。その上で療養環境の準備・調整をどうするか。それを整えることが私たちの仕事です」

かねてよりのこうした考えを具体化する機会が訪れた。

「東京都で『**退院支援マニュアル**』を作ることになり、私も参加させてもらいました。まず、その人がどんなふうに家庭で暮らしていたのか、入院前の暮らしがとても大事です。入院前の暮らしがどうだったかをきちんとアセスメントすること。それを、マニュアルのスタートに入れたのです」

マニュアルのフロー図の横軸（時間軸）には、次のような項目がある。

「（入院時から48時間以内）地域での暮らし・生活状況・情報収集・アセスメント『スクーリング』」、「入院時から●日以内」「治療開始から安定期」「退院に向けての調整期間」「退院時」「退院直後からの移行期（退院後2週間まで）」

縦軸は「意思決定支援、方向性の共有」、「療養環境の準備・調整」「医療上の課題」「生活・ケア上の問題」

「医療はどうするのか。ケアはどうするのか。長い間、退院支援は社会福祉士に丸投げしてきたのですが、彼らは福祉の専門家です。その人がどんな病気で、目指す状態像はどこか。療養するとしても、医療面はどうなるか。生活の場で実施可能な医療、たとえばインシュリンの自己注射の回数を一回に減らして、高血糖昏睡を予防するケア・生活支援を組み立てる。継続する看護を訪問看護へつなぐことが、病院ナースの大事な役割です。

生活介護の問題にあっても、どんな問題があってＡＤＬが落ちたのか。入院したことによって落ちてしまったのか、他に何か原因があるのか。そこをナースはきちんと見ておかないといけない。退院支援は、入院し、治療が開始されたと同時に始まっています。

この考えを院内で共有するまで、退院支援看護師、・ＭＳＷ（医療ソーシャルワーカー）の実践を見せることで訴え、組織を動かすマネジメントが必要です」

また、先のフロー図は医療者の視点で作ったものなので、経済的な困窮があるとか虐待があるといった生活上の問題については、細かな記載はしなかった。どういう家族関係で生活していた人にせよ、その人のもつ課題を病院がすべて担うのは無理であり、社会福祉士や精神保健福祉士と連携できるところは連携したほうがいい。

「暮らしの場へ帰すことを念頭に、医療・ケアをしっかりと行ない、地域のコーディネーター窓口と協働していくことです。東京都と作り上げたマニュアルは、東京都のほうで各医療機関に配布し、看護師の研修に取り入れてくれました。今年は三つの病院をモデル病院として選び、私たちもサポートに入って、このマニュアルを使って退院移行支援のお手伝いをするつもりです」。

地域包括ケアシステムにおける退院支援看護師の役割

宇都宮看護師は、**退院支援とは患者が自分の人生を再構築するための手伝いだ**、ともいう。退院後は、長い生活が待っている。どう過ごすか。いいかたちで再出発ができるのか。

また、退院支援には三段階のプロセスがある（以下は宇都宮氏の前記論文から抜粋して引用。p.80表参照）。

「第一段階は、外来・入院から四八時間以内→外来・病棟看護師がこれを担う」

ここでは退院支援の必要な患者の把握が、最初の課題になる。どのような患者か。

①医療管理・医療処置などが継続する。
②ADL・IADL（手段的～Instrumental）が低下し、自立した生活に戻れない。
③がんや難病のように、進行する症状を抱えながら在宅療養を迎える。
④在宅療養における病状管理が不十分なため再入院を繰り返していた。」

このようにまとめられている。ここで留意すべきこと。

「第一段階・（入院決定時・入院早期）医療情報・患者の生活背景から予測する。医療チーム間で共有する。・患者・家族と退院準備の必要性を共有する」

そして第二段階。「（入院）1週間以内→生活の場に戻るためのチームアプローチ」

ここでは「病棟スタッフを中心に、『退院カンファレンス』を企画・開催」する。どんなことがテーマとなるか。

「①患者・家族の退院への自己決定支援を行う。
②治療経過における退院時の状態をイメージし、継続する医療・看護は何か、患者・家族で自立できるかを検討し、必要な介入を行う。」

そして第三段階。「退院調整」である。

「退院を可能にするための制度・社会資源への調整を行う。」とある。「医療管理上の課題」と「生活・介護上の課題」をサービスにどうつなぐか。

このとき、退院調整看護師には大事な役割がある。

「退院までに、誰が、何を、いつまでに準備・調整するのかを明確にし、全体のタイムキーパーとしての役割を果たすことになる」


退院支援看護師がなぜ必要か。何を、どうすればよいのか。明快でよく理解できるお話だった。では医師はどうだろうか。総合診療医としての専門性を高めようとしているが、宇都宮看護師の目にはどう映っているだろうか。

「開業医や病床数の少ない病院の医師の方々が、総合診療医を担っていくことになると思いますが、まず、きちんと患者さんその人を診ていただきたいということですね。それから、何でも自分一人でできるとは思わないで、看護師だけではなく、ソーシャルワーカーであったり、ケアマネであったり、いろいろな職種の方々と、フラットな関係でやっていってほしい。そのためには、色々な方とのコミュニケーションが必要になります」

病名	疾患・症状・入院目的も記入
治療方針	
患者・家族思い	患者: 家族: 介護者:
第１段階：退院支援が必要と判断するのは	下記の□にチェックし、適宜内容を右欄（　）に記入 □再入院の恐れがある・病状不安定（がん末期・難病等） □退院後も医療処置が必要（医療処置名：　） □入院前に比べ ADL・IADL が低下（　） □独居・家族がいても介護が十分提供できない（　） □通常の制度利用が困難（　） その他（備考）
（第２段階：在宅ケア移行に際しての課題） ●退院にかかわる問題点・課題等	〈医療上の検討課題〉＊①～④の課題を列挙し、❶～❺の視点で解決策、とその担当者を考える。 ①病状確認・治療方針・今後の予測／②退院時も継続する医療管理・処置内容 ③患者・家族への説明内容・理解・受け止め／④②の自己管理能力・家族のサポート体制 ❶患者・家族への教育・指導～服薬・療養生活・医療処置など（担当者：　） ❷生活の場で実施可能なシンプルケア～投薬の簡素化・カテーテル抜去など（担当者：　） ❸症状緩和ができているか（担当者：　） ❹在宅医・訪問看護の必要性判断（担当者：　） ❺現実と希望のすり合わせ（合意形成）（担当者：　）
●退院へ向けた目標 支援期間・支援概要	〈ADL・IADL から生活介護上の課題〉 ＊ⅰ～ⅴの観点で退院時にめざす状態像を患者・家族と共有する。そのとき、「入院前の状態⇒現在の状態⇒退院時にめざせる状態」と時系列に整理し、そのために必要な支援も考えること ⅰ食事／ⅱ排泄・排尿・排便／ⅲ移動に介助要／ⅳ保清／ⅴ家屋評価
（第３段階：制度・資源への調整） 予測される退院先 退院後に利用が予測される 社会福祉サービス等	＊ここは退院調整部署の役割だが、病棟ナースも知識として知っておきたい。 ●利用する必要性のあるサポート 医療：□訪問看護　□在宅医　□リハビリ　□薬局　□地域医療機関 介護：□住宅環境調整（　）□介護サポート（　）□生活支援サポート（　） ●入院前からの地域資源 □介護認定／□ケアマネ／□訪問看護／□在宅医／□かかりつけ医 □自立支援（担当 CW：　／利用サービス：　） □難病施策（担当保健師：　／利用サービス：　）／□生保（担当 CW：　） ●地域の窓口：　／依頼する在宅サービス調整：
退院までに準備すること 在宅への準備	●病院側が準備すること 入院中：　退院日当日・翌日：　※医療依存度の高い事例・末期がんは必要性を判断！ ●患者・家族がすること：　●在宅スタッフが用意すること： ●準備する医療材料・衛生材料・手配・退院後の入手方法： ●退院までに必要な療養環境の整備（電動ベッド・車椅子・歩行器等・工事要）：
退院前カンファレンスと退院時期	●退院前カンファレンス（退院時共同指導）開催時期：　月　日 〈参加者チェック〉□ケアマネ／□在宅医(かかりつけ医)／　□訪問看護／□患者／□家族／□その他： 病院側：□医師／□看護師／□リハビリスタッフ／□退院調整部門／□その他： ●退院時期：　月　日

退院後の治療計画　　受診頻度や初回受診日　　訪問日等

療養上の留意点　　例）〇〇のような症状があれば、早めに受診しましょう　　「退院療養計画書」になる！
内服を忘れないよう注意しましょう。

利用する医療・福祉サービス　　実際に利用するサービス等記載

2　板橋区医師会在宅医療センター・井上多鶴子看護師を訪ねて

「療養相談室」を立ち上げて医療と介護をむすぶ

「在宅療養」を支援する具体的内容

「療養相談室」という部署に込められたもの

二〇一六年の、仕事初めから間もなくのある日、東京都板橋区医師会在宅医療センターに、井上多鶴子在宅看護部長を訪ねた。

板橋区医師会は、医師会病院と在宅医療センターをもち、在宅医療センターは、訪問看護ステーション、ケアマネジャーの事業所である在宅ケアセンター、板橋区高島平地域包括支援センター、療養相談室の四つの事業部署を備えている（図参照）。井上看護師は、在宅医療センター全体の管理統括者、という重要なポジションにある。

筆者の事前の取材依頼は、地域包括ケアシステムのなかの退院支援についてお聞きすることを主な目的としていた。

前節で、宇都宮宏子看護師へ同様のテーマで伺っている。その第二ラウンドのつもりで出かけていったのだが、取材は、筆者が事前に予想していた内容を超えていった。言い換えれば、井上看護師が「療養相談室」に、自身のどのようなテーマを託しているかが多く語られ、その報告が重要なテーマとなる。

井上看護師は、もともと訪問看護師だった。一九九二年の、訪問看護ステーションの立ち上げからかかわってきた。最初に、**訪問看護制度の変遷**について、簡単に触れておく。

一九八三年の老人保健法によって、初めて訪問看護が法的に位置づけられ、九一年の同法の改正で、老人訪問看護制度が創設された。九二年には、看護師を管理者とする老

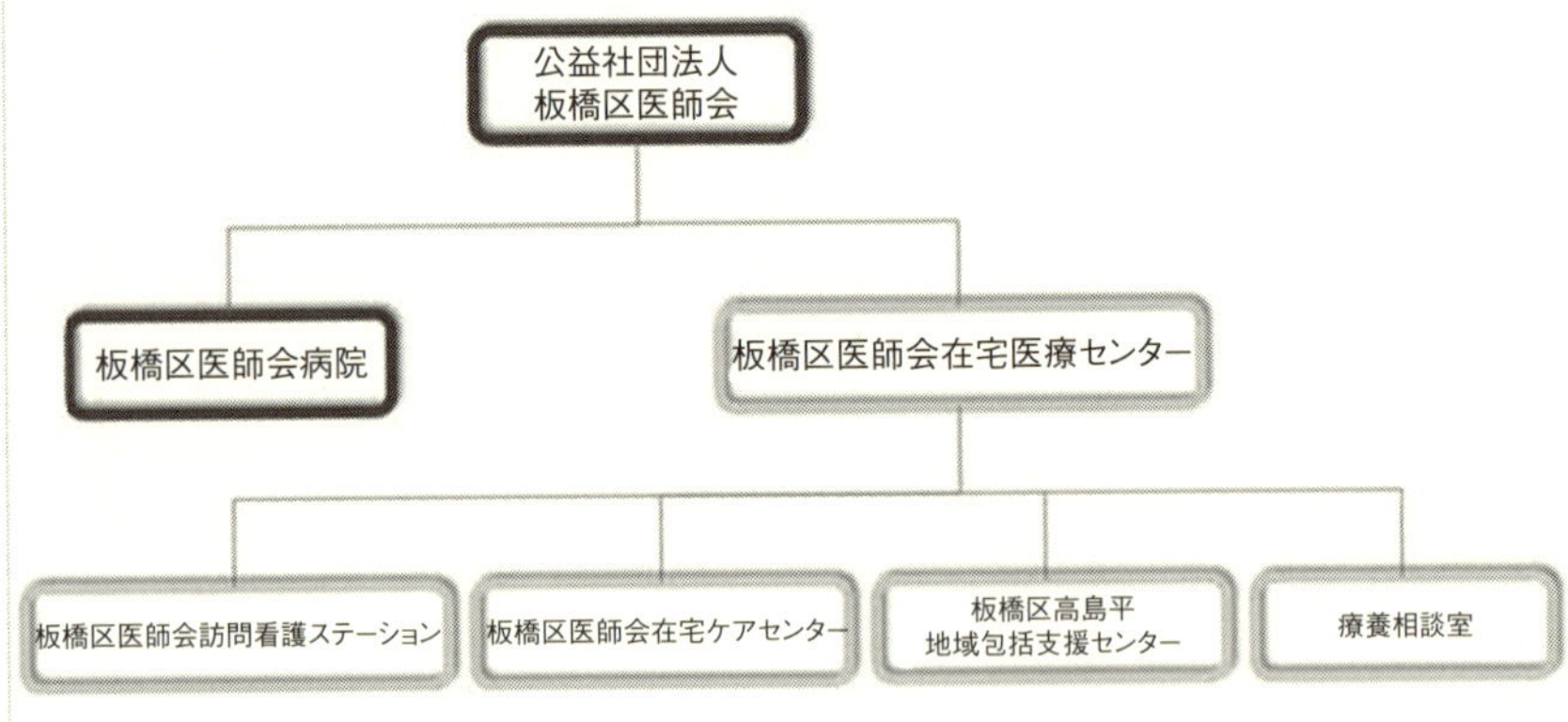

人訪問看護ステーションが制度化される。九四年の健康保険法の改正によって、訪問看護の対象が医療を要するすべての人になった。

現在、医療保険適用の訪問看護と、六五歳以上で要介護認定された高齢療養者を対象とした介護保険適用の訪問看護があるが、主治医の指示を必要とする点は共通している（参照：村川浩一他編『大学社会福祉・介護福祉講座「介護保険制度論」』第一法規）。

井上看護師は、立ち上げにかかわった訪問看護ステーションがある程度軌道に乗ったところで、九四（平成六）年に一六五床の病院へ移った。

「その病院には、六五歳以上の入院患者が六割以上いました。在院日数も長く、三年以上という人もいて、これから始まる医療制度改革の中で、こうした人たちが、入院生活を同じように続けていくわけにはいかないだろう。これからは、中小の病院も訪問看護をやっていかないといけない。当時からそう思っていました。しかし、退院していただくためには、退院をサポートする仕組みづくりが必要です。そこで、九四（平成六）年に訪問看護室を一人で始めたのです」

そして九五（平成七）年、訪問看護室を訪問看護ステーションへと転換させ、在宅看護のさらなる充実を目指していた。ところがグループ病院の本部へ異動になり、一一カ所の訪問看護ステーションの統括管理を担うことになった。

「当時、グループ内には、赤字の訪問看護ステーションが半分くらいありました。そこを黒字にすること。それからコンプライアンス（企業倫理）の問題を担当しました。私にはずっと考えてきた地域の課題があったのですが、グループ本部での仕事では、なかなか取り組むことができませんでした。

その頃、とても懇意にしてくれた看護部長がいて、その方が亡くなりました。個人的にはとても落ちこんでいた時期だったのですが、ちょうど医師会から声が掛かりました。課題だと思っていることを、一緒にやってみないかと誘っていただき、医師会に移ったのが二〇一〇（平成二二）年です」

何が「地域の課題」だと感じていたか

では、井上看護師にとって取り組むべき課題とは、なんだったのだろうか。


「私は訪問看護畑で二〇年仕事をしてきましたが、介護保険ができるときに、訪問看護の経験から見てきた課題をたくさん感じていました。宇都宮宏子さんがいうように、病院から見た地域との連携です。利用者ご本人がどんな最期を迎えたいか、どんな療養を望んでいるのか、そういう患者さんの意思をきちんと聞き取ったなかで、今いる場所を選択できているのか。そうではない現実がたくさんあったのです。宇都宮さんと一致するのは、その点でした」

当時、病院は患者の退院にあたって、「今日退院しますよ」、「明日退院しますよ」と、とくに準備もなく伝えることが、普通のように行なわれていた。退院後の治療や療養についても、「いざとなったら病院に来てください」と告げるくらいで、訪問看護も訪問診療もないまま、自宅に帰してしまう病院がほとんどだった。井上看護師はそんな病院にたいし、**退院に向けた課題はたくさんあるのに、なぜ取り組まないのか**、と感じていたという。

もうひとつあった。地域側の課題だった。

「ケアマネジャーの八割以上、九割近い人たちが介護職や福祉職ですが、多くのケアマネジャーが、医療との連携には苦手意識を持っていました。それから、重度化しないと

井上多鶴子氏

訪問看護の依頼が来ないのです。支給限度額の関係だとも思うのですが、いずれにしても、これでは連携がうまくいくはずがありません。

それから地域包括支援センターは地域の窓口になっていて、保健師が一名いるのですが、その保健師が医療的なマネジメントを十分にできるかと言えば、そうではない現実があります。病院から在宅へという課題。地域を見たときの課題。連携の課題であれば、医療と介護、事業所間や他職種間の連携。そんな課題をずっと感じていたのです」

さらにもうひとつあった。在宅療養する患者に対し、地域における医療支援が不十分だったこと。

「多くの病気を抱えて在宅療養するという状態にあるにもかかわらず、医療支援が十分ではありませんでした。訪問看護ステーションはいくつもできている。じゃあ効率的に動けているかと言うと、対象のエリアが重複していたりして効率的ではない。大きい病院には退院支援室とか相談室があるけれど、中小の病院にはありません。連携室はあっても、そこにはケースワーカーしかいなくて、福祉的支援はできるけれど、在宅への医療的支援は不十分なところが多い。ずっとそういう現状だったのです」

医療の問題を抱えている人が、地域のなかに相談できる場所がない。人もいない。必要な医療を、マネジメントしてくれる場所がないし、人もいない。

板橋区医師会への転職は、井上看護師にとって大きな転機だったが、さらに重要な転機が訪れることになる。厚生労働省が行なった「在宅医療連携拠点事業」だった。

重要な転機となった「在宅医療連携拠点事業」の受託

厚労省が「在宅医療連携拠点事業」を行なうのは二〇一一（平成二三）年。井上看護師が医師会に移った翌年だった。この年は全国二三カ所がモデル事業の対象となった。板橋区医師会も手を挙げたのだが、このときには対象とはならず、事業受託ができたのは翌一二（平成二四）年だった。

「平成二四年は、地域の〝つなぎ〟を担うにはどこがいいのかということで、全国一〇五カ所でモデル事業がおこなわれました。医師会型、診療所型、訪問看護ステーション型、病院型、地域包括センター型など、いろいろなタイプがあって、都内は四カ所。板橋区医師会は医師会型のモデル事業でした」

厚生労働省HPには、事業目的が次のように書かれている。

「〇高齢者の増加、価値観の多様化に伴い、病気を持ちつつも可能な限り住み慣れた場所で自分らしく過ごす『生活の質』を重視する医療が求められている。

〇このため、在宅医療を提供する機関等を連携拠点として、多職種協働による在宅医療の支援体制を構築し、医療と介護が連携した地域における包括的かつ継続的な在宅医療の提供を目指す」

さらに内容は以下のようだった。説明詳細は省き大項目だけ示す（同）。

（1）多職種連携の課題に対する解決策の抽出
（2）在宅医療従事者の負担軽減の支援
（3）効率的な医療提供のための多職種連携
（4）在宅医療に関する地域住民への普及啓発
（5）在宅医療に従事する人材育成

井上看護師はこれを見たとき、自分が長い間課題だと感じてきたことに取り組むことができる大きな機会になる。そう直感したという。

「拠点事業の役割には、私が日々課題に思っていたことが、そのまま入っていました。板橋区医師会も同様に課題と感じ、少しずつ取り組んでいた内容でしたので、すぐに相談がなされ、手上げをしました。幸い受託となり、これまで課題に思っていたことをきちんと実施していくために、もう一度整理し直し、どうしても必要だと感じていた療養相談室を作ったのです」

「療養相談室」の立ち上げまで

この「療養相談室」が在宅医療センターにとって大きな役割をはたしていくのだが、この間の経緯をもう少し追ってみよう。

板橋区の医療資源は潤沢だった。大小合わせ、病院が四二。大学病院も二つもっている。練馬、北、豊島、板橋の四区で構成する二次医療圏のうち、七割の病床が板橋区に集中する。こうした医療環境のなか、地域住民の意識について、井上看護師はつぎのように言う。

「一二（平成二四）年に医師会が区民アンケートを取ったのですが、分かったことは、皆さんが大病院志向だということです。一〇（平成二二）年の事業に手上げをしたとき、やらなければならないタスク（仕事）が六項目あったのですが、すでに板橋区医師会として取り組んでいたものでした。一二（平成二四）年には、それをもう一度整理し直して取り組み、その後も継続しています」

それまでにも、板橋区医師会は啓発や連携を目的とした勉強会や研修会をいくつか立ち上げていた。平成二二年から始まったのが、「在宅療養ネットワーク懇話会」という多職種からなる会で、医師会、歯科医師会、薬剤師会、訪問看護ステーション会、病院の連携室、退院支援室、地域包括支援センターのスタッフが世話人になり、会を運営してきた。内容はグループワークや演習、講義、意見交換など。

「そこでのテーマは、多職種同士で、まず自分たちを知っていただくこと。そして相手のことを知りましょうということ。そのうえで、何ができるか、一緒にできることはなにか。それを考えましょう、というのがこの会の始まりでした。

最初は自分たちを知ってくださいというテーマが多かったのですが、回を重ねるごとに、利用者にとっての課題や、どう支援するかというテーマになってきています」

たとえば高齢になると、口から食べるという課題がある。これまでは、こんなふうに嚥下機能の評価をおこなっている、という支援者視点からの報告だった。それが、食べられるようになるためにはどんな支援があるか、というように、患者や利用者の側に立ったテーマに、あるいは、在宅療養する患者にとって欠かせない支援は何か、というテーマになっていった。

「もう一つ、高島平地域を中心としたケア・キュアミーティングという、多職種連携のための、地域での共学・協働をテーマとした勉強会をやりました。地域の医師と訪問看護師、ケアマネも入っている会でしたが、それを一二（平成二四）年のモデル事業の際に、復活させようということになりました」

この会の始まりには、発起人である医師の、あるきっかけがあった。がん患者のサービス担当者会議のとき、主治医が「痛みが出たら〝レスキュー〟を使いましょう」と言った。それは追加の鎮痛剤を入れることだと医療職は理解できる。しかし、ケアマネジャーやヘルパーは、レスキュー隊を呼ぶのだと思ったという。

筆者も、「私もそう思いました」と答えた。

「そうなんです。すごく大事なことは、共通の言語で話さなければならないということです。多職種でチームを組むとき、医療者はだれでも分かる言葉で話さなければ、理解は得られない。理解が得られなければいい支援はできない。それが始まりだったのです。**一緒に考えられる会、分からないといえる会**。そういうテーマで勉強していこうということで始まったのが、ケア・キュアミーティングでした」

こんなふうに地域の課題に取り組んできた。そしてモデル事業へ至りついた。改めて訊ねた。なぜ療養相談室だったのか。

高齢者支援にかんする全般的相談は、板橋区高島平地域包括支援センターが担っている。在宅を含めた支援のマネジメントと実働は、ケアマネ事業所が担当する。では在宅の医療支援はどうか。訪問看護の実働を担う事業所（訪問看護ステーション）はあるが、医療にかんする相談を受けたり、広い地域や多職種をコーディネートし、マネジメントする部署がない。介護との連携もうまくできない。

そう考えてきた井上看護師は、念願だった「療養相談室」を立ち上げることになった。

在宅医療センターがなぜ信頼を得てきたか

前述したように、在宅医療センターは四つの事業所からなっていて、地域包括支援センター、訪問看護ステーション、ケアマネ事業所があり、そこに二〇一二（平成二四）

年に療養相談室が併設された。

相談を担う機関が地域包括支援センターと療養相談室。**実働部隊**が訪問看護ステーションとケアマネ事業所（在宅ケアセンター）。**医療支援**は療養相談室と訪問看護ステーションが、**生活支援**は地域包括支援センターとケアマネ事業所が担う。

「どこかの部署に相談が来れば、他の三つの事業所と連携します。訪問看護ステーションは医師会が母体です。会員の先生方は板橋区全域にいますから、訪問看護も全域をカバーしています」

板橋区のなかでもとくに池袋寄りの地域には、訪問看護の事業所が数多くある。相談や訪問の要請が入ったとき、その事業所がカバーできない地域だったり、看護内容が対応できないケースだったりする場合を除き、近隣の訪問看護ステーションに依頼する。

「療養相談室は板橋区全域からの相談を受けていますから、どこの訪問看護ステーションがどんな特徴をもち、どのドクターがどんな特徴をもっているか、情報を把握しています。地域包括支援センターはエリアが決まっていて、板橋区医師会在宅医療センターの地域包括は、高島平エリアになります。在宅ケアセンター（ケアマネ事業所）も高島平で活動しています。板橋区には16の地域包括支援センターがありますので、療養相談室にはそのすべての地域包括支援センターから相談が入ります。訪問看護ステーションにも、区外を含め、色々なところから相談が入ります」

相談の内容に応じた資源を紹介しなくてはならないから、板橋区の医療機関リストをつくっている。在宅医であれば、どんな医師がいるか、どんなことができるか。一般病院であれば、レスパイトケア（在宅でケアしている家族の精神的疲労を軽減するため、一時的にケアの代替する家族支援サービス）の入院を受けてくれるところはどこか。そのときの窓口はどこか。前述したように、訪問看護ステーションも、人員はどうか、どんな加算を算定しているのか、対応可能な地域はどこか、リハビリが得意かどうかなど、その特徴を把握しているという。どんなエリアを訪問しているか、というエリア調査もしている。

「相談が来たときに、利用者の状態をよく把握し、その方に一番合った医療機関・事業所はどこだろうかと考えます。マッチングがものすごく重要だと思っています。医師に対しても、事前に確認し、迷惑にならないような配慮をしています」

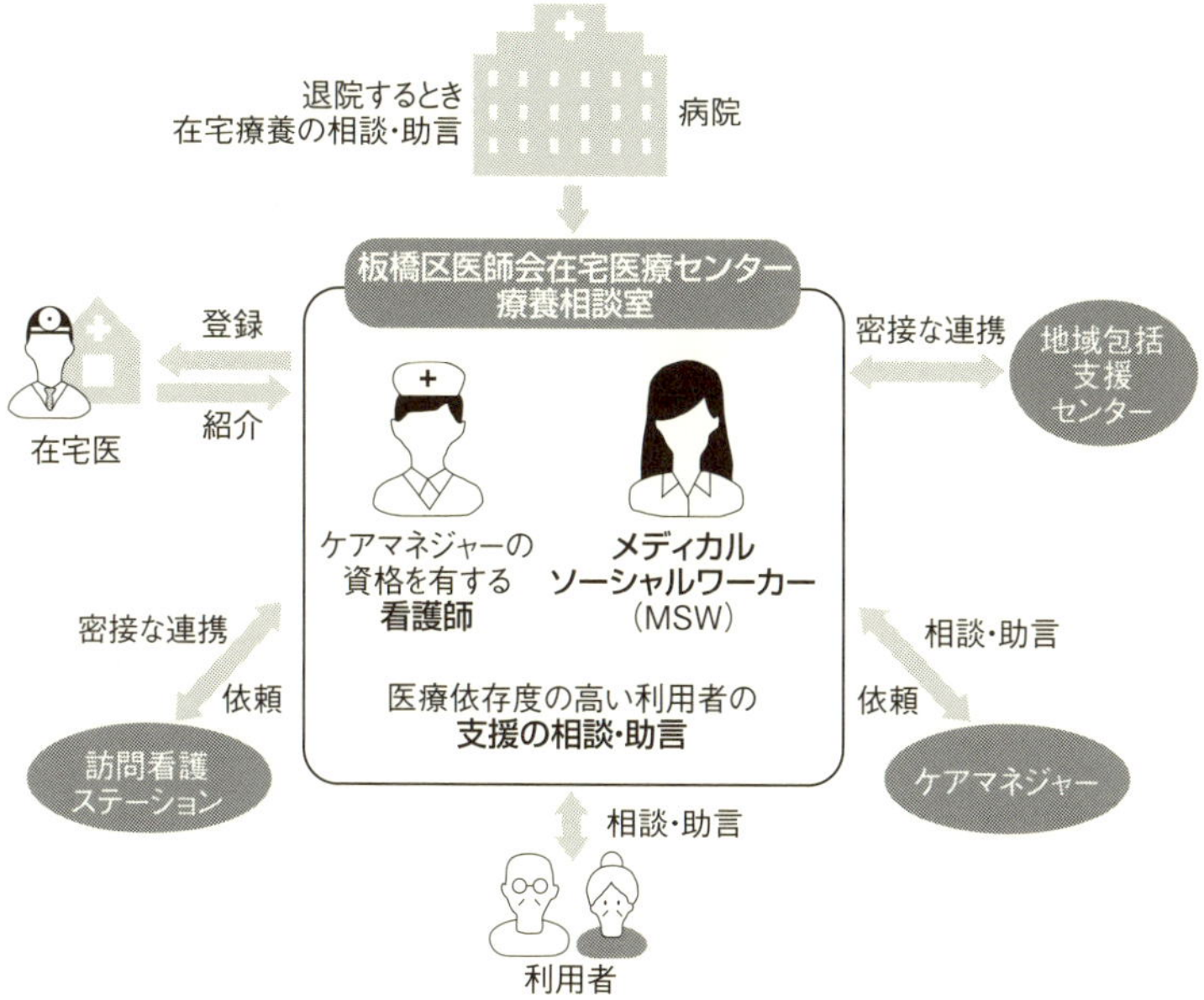

意外なことだが、**医療マネジメントができ、医療と介護の実働部隊と連携している相談窓口はこれまでほとんどなかった。**とくに小児科関係や難病などの患者。ときに大病院から、「患者が転居するので在宅医療にかんするマネジメントを」、という相談が療養相談室に入る。

「出産後遺症のケースで、区外の大病院から、療養相談室に相談が入ったことがあります。退院までの準備から、訪問診療になったときの主治医探しをはじめ、あらゆることをマネジメントしていきます。すると区外の大病院でも、次に退院調整が必要になったときに、相談して下さるのです」

二五年度、二六年度、二七年度と、相談が増えていくなかで、その質がかわっていった。二五年度はケアマネジャーからの相談が一番多かった。二六年度は区民から、二七年度は退院支援にかんして病院からの相談が多かった。

「療養相談室を立ち上げてよかったと思うことは、この地域には、地域の退院支援室・医療相談室が住民に求められていたということです。医療全般について何でも相談できること。医療と介護の両面からの支援ができること。それはケアマネジャーの資格をもつ看護師と、医療ソーシャルワーカーがいるからできるのです。医療保険と介護保険についての知識がある。そして地域の情報をもっている。他職種と連携でき、相談対応のための人的なネットワークをもっていることも、信頼につながっていると思います」

最大の効果は、医療マネジメントではあるが、ただ紹介するのではなく、**マッチングに留意していること**であり、この三年の実績を通してそのことを強く実感しているとくり返し強調した。

退院支援にあたって大事にしていること

話題が退院支援に転じた。

「退院支援の相談は増えていますが、一番多いのは病院からの相談です。担当の塩原未知代看護師は、ケアマネジャーの資格をもち、訪問看護の経験もあるので、患者の状態を聞いただけでどんなことが課題となっているか、どういう準備をしなければならないか、ある程度想像がつきます」

取材に同席してくれた塩原看護師は、訪問看護認定看護師であり、在宅医療コーディネーターとして療養相談室に勤務する看護師だった。

「見立てがついた時点で、塩原さんは気が付いたことを病院に依頼をしていきます。たとえば管をいっぱいつけて帰るという人であれば、看護の状態や本人の状況を考え、ほんとうに管を付けたままで帰ることが必要なのか、病院側に問いかけ、その評価をもう一度してもらいます。場合によっては管を取って帰る。そういうことも起きます」

退院調整にあたって、重要だと考える点はどんなところか。**何を大事にして聴きとりをしているのか**。塩原看護師に聞いた。

「まずは本人と家族がどういう意向をもっているか、ということです。これは、かならず確認します。退院の準備をしているので、在宅療養の用意をお願いしますというときも、かならず、本人はどういう意向をもっているかを確認します」

そして次のように言う。

「私たちに来る相談は、『退院に向けて』ということが多いので、最初に『病院から退院されると聞いたので、退院の準備のために来たのですが』と役割を告げます。『家ではどんなことができていましたか。おうちに帰って、最初に何がしたいですか』と、一つ一つ聞いていきます」

そうやって丁寧に質問していくと、疑問、不安などいろいろな話題が上ってくる。

「『こんなことが心配なんだよね』とか『ほんとうに帰れ

塩原未知代氏（右）と井上氏（左）

るのかな』とか、だんだんと自分の気持ちを話してくれるようになります。『帰りますか帰りませんか、どうしますか』と訊くのではなく、丁寧に意向を確認していきます。」

退院するにあたってこんなことが心配だ、という話は出てくるが、病状が不安定な人以外、帰りたくないという人はいない。

ただし、細心の注意は払う必要がある。こんなケースがあった。

ガン末期の患者だったが、帰宅することになった。在宅医と訪問看護を紹介してほしいといわれたが、患者は一人暮らしをしているという。介護をしてくれるのは姉だけだった。退院支援のためにケアマネジャーを紹介し、在宅医と訪問看護も調整したうえで、退院日から在宅チームが介入できるようにケアマネジャーに助言した。サービス担当者会議の日程が決まり、そこでマネジメントは終了、これで引継ぎができると思った。

ところが急遽、帰宅が二日早まった。このとき塩原看護師は、三つのことに気を付けてほしいと提案した。

一つは、二日間の間に病状が急変したらどうすればいいか確認しておくこと。

二つ目は、入院が必要になったとき、病院はすぐに受け入れ可能かどうか。

三つ目が、在宅チームが入るまで姉が対応可能かどうか。この点を確認しておいてほしいと助言したところ、ケアマネジャーから、患者は意識もしっかりしているし、歩行もできるし、どうしてそんな細かいことまで気にするのか、と尋ねられた。

「ところが、退院の三日後にサービス担当者会議が開かれたのですが、翌日、その患者さんが亡くなったのです。ということは、退院が早まった二日間で、容態が急変する可能性もあったわけです。それを聞いたケアマネさんが驚き、『末期がんの患者は、こんなに急激に変化するのですね』といい、塩原さんがいった三つの確認事項の意味が、初めて分かったというのです。がんの末期の人は体のなかで何が起こっているのか見えませんから、細心の注意が必要なのです」

またこんなケースもあった。退院前カンファレンスに塩原看護師が参加したときのことだった。ケアマネジャーが主治医に「内服の時間をずらしてもいいか」と訊いたところ、「多少ならいい」と医師は答えた。患者はオピオイド（医療用麻薬）という痛み止めを飲んでいて、一二時間ごとに飲むことが定められていた。

「多少ずらすといっても、医療職は、九時二一時に飲んでいる薬であれば、たとえば一時間早めて八時二〇時にする、一時間遅くして一〇時二二時にする。同じように一二時間間隔にする。そう考えます。ところが退院した日に訪問して分かったことですが、ケアマネジャーは、八時一七時に変更していたのです。驚いて理由を尋ねると、ヘルパーが来る時刻に合わせたというのです」

「多少だったら、ずらしてもいい」というたった一言が、医療職と介護職とで、これほどのずれが生じてしまうことがある、という例だった。

「私たちは、かかわるメンバーのあいだで、一つ一つ確認の作業を丁寧にやっていかなくてはならない。丁寧な調整が求められるし、それを大事にできなければ、私たちの役割ははたせないと思っています」

具体的にどんなアドバイスをするのか

先に、板橋区民は、どちらかと言うと大病院志向だという報告をした。病院や患者、家族への、退院支援をめぐる意識啓発という点ではどうだろうか。井上看護師はいう。

「板橋区の四〇ほどの病院は、中小の規模のところが多いのですが、退院支援という考えが追い付いていないところが多いですね。東京都が今年（一五年度）、病院向けの研修を設けているのは、そこをきちんと啓発したいからでしょうね」

中小の病院の看護師たちは、「在宅は無理だよね」と、すぐ口にすることが多いという。とくに独居だと、最初から「一人暮らしだから退院は無理」と考えている。

「しかし入院前は、一人で暮らしていたわけです。退院して一人でいる時間のどんなことが問題なのか。『（治療や療養を必要とするようになった）病院スタート』の退院支援ではなく、『家にいた人が病院に入り、また家に戻る』という支援。家にいたときと、病院から戻るときの変化はなにか。それをよく見て、しっかりとサポートできる。そういう形をとることができれば、帰れます」

本人たちがどう生きたいか。どう暮らしたいか。それをしっかりと聞きとること。それが大事なのだという。

「さきほど塩原さんが『ご本人の意思を尊重する』といっていましたが、そこをきちんと聞くことです。『寝たままでも家に帰りたい』といったら、それは尊重する。そしてサポートする。その代わり、本人とご家族の覚悟も、当然求められることになります」

家族の介護力の低下、経済的困窮家庭の増加など、家族事情には大きな変化が起きている。この点についてどんな配慮をしているか、筆者は訊ねた。塩原看護師は次のように答えた。

「介護にお金をかけられないという話は、よく耳にするようになりました。でも、退院調整をしていくときは、その方にとって必要な支援とは何かをまず考え、私たちができる医療について、きちんと説明し、そして提供して行くようにしています。**最初に経済的なところから支援を考えてしまうと、必要な支援が抜け落ちてしまいます**」

最初の〝そもそも〟という説明が、とても大事になる、ともいう。

「どうして訪問看護が必要か、という最初の説明がきちんとできていれば、お金の話にならず、サービスにつながることはたくさんあります。最初からお金の話になってしまうと、人によって価値観が違うし、これまで使ったことのないサービスであれば、『じゃあ、必要ないかしら』となってしまいます。そうではなく、なぜこれが必要かということを専門職としてきちんと伝えられれば、経済的なことが問題になることは少ないと考えています」

井上看護師が、褥瘡《じょくそう》（床ずれ）カンファレンスでよく話す例を示しながら、次のように話を引き取った。

ずり落ちた姿勢で車いすに座っている人を、ときに見かける。（ふたつの写真を示しながら）こちらの方は、姿勢が全然違う（まっ直ぐに座っている）。ずり落ちた姿勢の患者の車椅子は、レンタル料がひと月五〇〇円ほど。まっすぐに座っている患者の車いすはひと月二〇〇〇円ほど。

「経済的な問題を相談されたケアマネジャーさんは、おそらく五〇〇円のほうを勧めるかもしれません。でも二〇〇〇円の車いすになると、座ったまま食事が摂れますし、褥瘡を作らない。そうすると、トータルにみたときには二〇〇〇円のほうが安くなります。

私たちは、この人の今の体の状態だったら、なにが必要かと考えるのです。たとえば『車いすの姿勢でどれくらいいますか』と尋ねると、『デイサービスに行っているから、二時間から三時間、場合によってはもっと使う』という答えが返ってくる。すると『それくらい長い時間になると、床ずれを作ってしまうかもしれないので、車いすは少しいいものを使いましょう』と提案する。すると納得してくれて、結果的には安くなるのです」

たしかにその通りだった。井上看護師は続けた。

「その人の体の状態や健康状態をしっかり見た上で、今こんなことが必要ですね、という提案がきちんとできるかどうか。『車いすをお使いになるのですね。二種類あります。どちらにしますか』と訊いたら、安い方を選びます。専門職として、これ以上病気を悪化させない視点、予防の視点からどうマネジメントするか。そしてどう納得してもらうか。それが私たちの仕事だと思います」

塩原看護師は、次のことを付け加えた。

自宅に戻ったとき、介護面で、自力ケアを上げていくために何ができるか、という視点をもつことが重要である。病院側との調整は、この人は何ができるか、家族は何ができて何ができないか、ということを見きわめながら、できる方法を病院と一緒に考えていく。その工夫をしながら、在宅療養が可能な方向にアプローチしていく。それが自分の役割なのだという。

医療と生活支援が同時におこなわれるような視点をもったサポート。まさに療養相談室ならではの支援がなされていた。

3　地域住民が医療（富山大学と南砺総合病院）を動かす

地域が育てる〝総合診療医〟

「医療崩壊」地域からの再生を経て

南砺市の取り組み

本節では、富山県の西南に位置する南砺市を舞台とした地域医療の取り組みを紹介したい。南砺市は二〇〇四年に、四町四村が合併して誕生した。人口五万五千人ほど（二〇一三年四月）。高齢化率は三一・三パーセントで、市の東側は山間地となる。

南砺市の報告に当たってのテーマは大きく二つ。

一つは、これからの超高齢社会（認知症七〇〇万人の時代）を迎えるにあたり、ニーズが高まると考えられる「**総合診療医**」について。

日常的に、幅広く診療してくれる医師は、これまでもかかりつけ医、家庭医、在宅医などと称されてきた。厚生労働省は今度の診療報酬改定で、在宅医療への誘導を更に強く示し、その担い手となる「総合診療医」を専門部門としてはっきりと位置づけてきた（平成一七年度からは第三者機関による評価の対象となった）。

そこで課題となったことは、総合診療医の早急な育成である。南砺市民病院では、富山大学医学部附属病院、富山県立中央病院などと連携しながら、その育成プログラムの作成に取り組み始めた。

医師としての基礎的な研究（大学病院）―総合診療医としての臨床研修の場（市民病院）―専門領域の研修の場（県立病院）、というように役割分担を明快に示していた。この報告が一つである。

もう一つは、「**地域包括ケアシステム**」**をめぐる取り組み**について。

南砺市ではかつて医師数が激減し、医療崩壊の危機にあった。地域包括ケアシステムを作りながら再生を図ってきたこの間の経緯をみると、**住民参加型のスタイル**をとり、医療への信頼を取り戻しながら、地域の活性化へとつなげてきたことが際立っている。それはどのようになされたのか。この点が二つ目である（取材はややさかのぼるが、二〇一四年六月。表記は執筆時のままとし、必要に応じて補足する）。

筆者の取材にお付き合い下さったのは、全体の牽引者であり、前南砺市民病院院長の南眞司氏と、富山大学附属病院総合診療部の山城清二氏。南氏は三〇年ほど前よりこの地域で、広島県のみつぎ方式に学びながら地域包括医療・ケアシステムに取り組んできた。そして山城医師が二〇〇四年に富山大学に赴任したのを機に、二人三脚が始まる。さらにもう一人、今年（一四年）度より南砺市民病院の院長職を引き継ぎ、研修医の受け入れにあたってその研修プログラムの作成を任された清水幸裕氏だった。

南砺市の地域医療が、どんな経緯をもってここにいたっているかについては少し先で紹介させていただくことにし、ここでは、清水医師による総合診療医の育成について報告していきたいと思う。

「総合診療医」とは何か

南砺市民病院のホームページを見ると、総合診療医研修の「一般目標」として、次のように記載されている。

「急性期から回復期、慢性期、さらには在宅医療、終末期医療までの一貫した流れの中で、その時々のニーズを的確に把握し適切に対応できる総合診療医の育成を目指す」。そして「プライマリー・ケア、家庭医療学、総合内科学、初期救急医学、医学教育を中心とする知識と技術、技量を習得する」

この一つ一つの説明は筆者の任を超える。ひとつだけ指摘してよいことは、「総合診療医」なるものがどのように規定され、何を必要とし、どうすればその研修となるか、いまだ試行錯誤の中にあるということだった。総合診療医には定義というものがないのだという(*)。

「いまのところ、厚生労働省が考えている総合診療医に一番近いのは、家庭医です。入院から在宅まですべて診療することができ、在宅医療もやり、しかも自宅に足を運ぶだけではなく、家庭環境やその人の住んでいる地域の問題点まで把握し、それが病気にどんな影響を及ぼしているか。

専門医・総合診療医・家庭医のイメージ

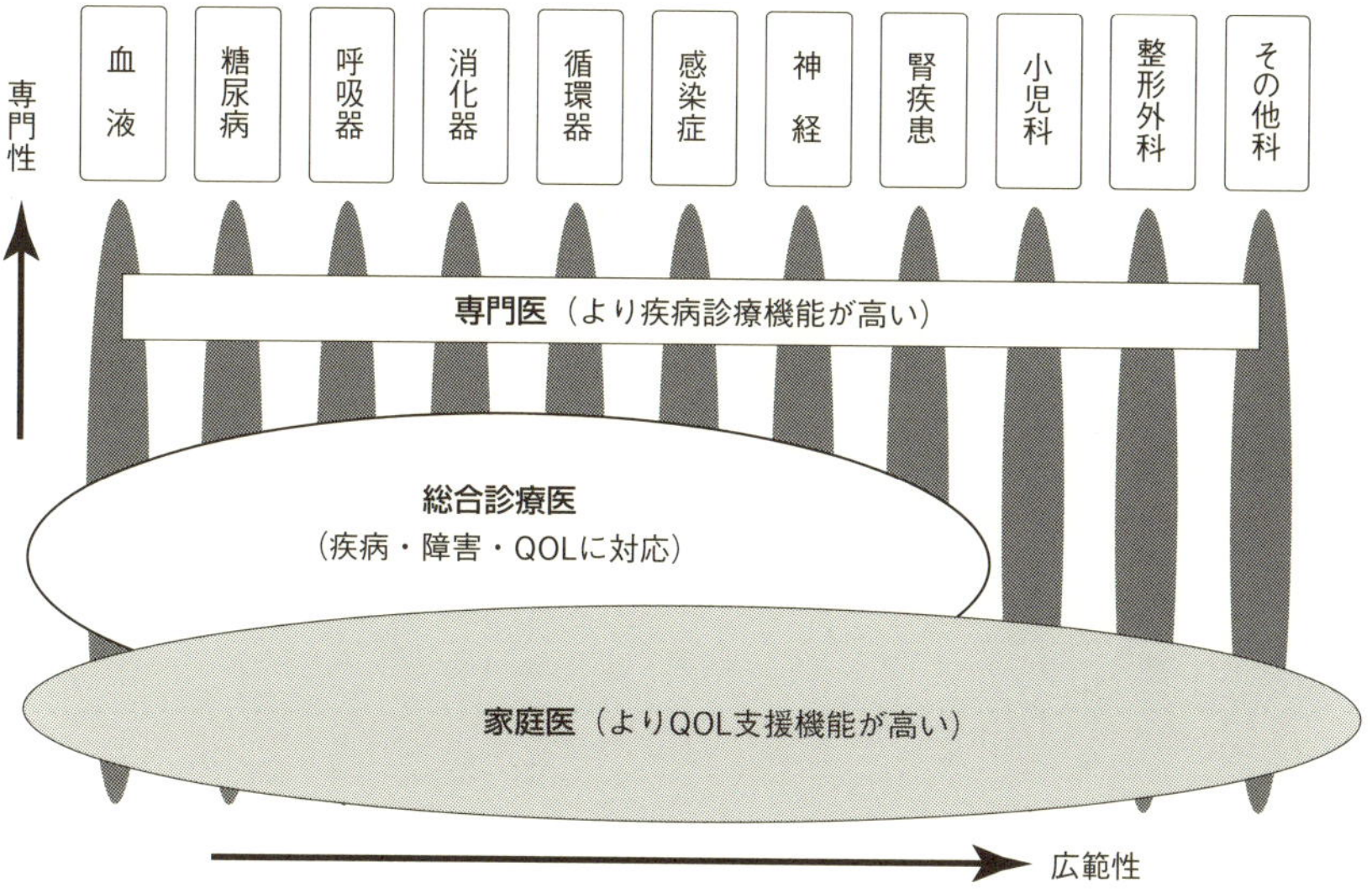

（＊）厚生労働省のＨＰに、平成二八年二月一八日付で、「社会保障審議会医療部会」の資料として「新たな専門医の養成について」が掲載されている。なかに「総合診療専門医について」とタイトルされたページがあり（平成二五年四月二二日の検討会の報告書より、とあるから、新しく策定されたものではない）、ここにも「定義」らしきことは書かれていない。「総合診療専門医を新たに位置づけ」たとし、次のことが記載されている。

「総合診療医：総合的な診療能力を有する医師
＊日常的に頻度が高く、幅広い領域の疾病と障害等について、適切な初期対応と必要に応じた継続医療を全人的に提供。
総合診療専門医：総合診療医の専門医としての名称
＊新たなる専門医の一つとして基本領域に加える。
＊『地域を診る医師』としての視点も重要。／他の領域別専門医や他職種と連携して、多様な医療サービスを包括的かつ柔軟に提供することが期待される。」

社会の中で病気とどう対峙するか。そこまで考えるのが家庭医です。しかし家庭医にもはっきりした定義はなく、日本プライマリ・ケア連合学会が『家庭医療専門医』を認定しているのですが、それが総合診療医に一番近いのではないか。資格化されたのは、この家庭医療専門医が初めてではないかと思います」

南医師の論文、「病院が取り組む地域包括ケアと地域連携」（高橋紘士編『地域連携論』オーム社・所収）では、前ページのような概念図が示されており、引かせていただく。

清水医師は、これまでは、医師自身に「総合診療医」を名乗るかどうかの選択は任されてきたが、これからは、それはできなくなるだろうという。

「患者を総合的に診ることができて、専門性を問わず全人的に診断し、初期診療はすべてできる」、といった定義しかなかったものを資格化し、その育成プログラムも、体系的で、学問的な検証に堪えうる客観性のあるものにしなくてはならない。それがこれからの自分の役割だという（もう一つ「病院総合医」という職域も、厚労省は想定している。こちらは、病院で一般外来の診療をし、その他に安全医療、病院の管理、研修医の指導などに携わる医師だということだった）。

総合診療医をどう育成するのか

さらに課題は、研修する若手医の指導はどんな立場にある医師が担うのか、ということだった。南砺市民病院は、総合診療医の養成を自分たちの病院の特色として打ち出そうとしている。そのような病院の指導的立場にある医師は、少なくともプライマリ・ケアについて習得している必要がないか。そう考えた清水医師は、プライマリ・ケア学会の認定医となり、指導医の資格も取得した。

「一番いいのは、総合診療医の資格を取った医師が、次の研修医を指導していく。二、三年に一人でもいいから、そうやって屋根瓦式に育てていくことだと思います」

次のようにも言う。自分は肝臓や消化器の専門医としてやってきたが、研修医の指導にあたるという話が決まって以来、専門外の、内科全般や精神科関係の一般的な知識まで、幅広く学ぶようにしてきた。命にかかわる疾患を見逃したとき、自分の専門外だから、という言い訳はできないのだから、と強調する。

「地方の中規模病院の患者さんは、大半が高齢者で、多疾患を持っている方がほとんどです。頭が痛い、喉が痛い、

清水幸裕氏

とやってきた患者さんをすぐに専門医に回すのではなく、初期診断は自分でできないといけない。あるいは胸が痛いと言っている患者さんは、ひょっとしたら心筋梗塞の可能性がゼロではないし、もしそうであれば命にかかわる疾患ですから、心電図を取るなりして、まずはその可能性を否定しなくてはならない。だから心電図も読めないといけない。そうやって専門外の疾患も診断していく。そのほうが患者さんも信用してくれるし、信頼関係が作りやすいのです」

そして総合診療医のあり方についても、次のように述べた。

「こういう地方の中規模の病院では、それぞれ専門をもっていても、総合診療的なことをみんながやって行かないといけないと考えています。家庭医は家庭医だけをやり、専門医は専門だけを診るというのでは、病院は成り立たない。高齢の人を見ている医師は、意外な病気や、専門外の病気も診る機会が多い。だから、専門医も総合診療医的なマインドを持って勉強をしておかないといけないし、家庭医にあっても、この領域は専門的に強いというものをもっていたほうがいい」

清水医師によれば、大学を卒業して二年間は初期研修を行ない、三年目から五年目までの三年間は、後期研修の期間となる。この後期研修の期間で総合診療医としての専門的訓練を受け、試験を受けて専門医としての資格を習得できるようにしたいという。

「総合診療医でも、あるところでは専門性を持っている。専門医でも家庭医的なマインドをもっている。ぼくは、**両方のマインドをもったドクターを育てるのが仕事**だと思っています。一方、専門家志向をもった医師も受け入れ、富山大学附属病院や富山県立中央病院に研修に行けるような、そうした連携システムを作りたいと考えています」

南砺市民病院には、後期研修に取り組み始めた医師が一人、今年度、希望している医師が一人いる。初期研修を希望する医師も、以前に比べて増え始めた。富山大医学部生にあっても、実習で南砺市民病院に訪れ、在宅医療や総合診療に関心をもつ学生が目につくようになった。

研修を終え、何を自分の専門とし、どこに働く場を求めるかは、あくまでも本人次第である。清水医師は、それはまったく研修医の自由であるが、総合診療医として力を存分に発揮するフィールドとしては、この病院は大変に恵まれた環境にあるという。

たとえば退院に向け、医師、看護師、理学療法士とか、患者本人、家族を含めた多職種でカンファレンスがなされる。退院に向けて何が必要か。患者は今どういう状態で、家族にとって今後どういうことが予想されるか、それぞれの立場から話し合いをする。

「医学部生や研修医は、それを見るだけでもずいぶん違います。これはやられているようで、じつはやられていない取り組みなのです。ともあれ、研修医たちに何を教えないといけないか、という明確な指針はやっと出始めたところで、どういう研修システムがベストなのか、病院も学会も試行錯誤中です」

そう言い、しかし、と次のように結んだ。

「これからの超高齢社会に備え、急性期から在宅まで、あるいは終末期まで、多方面にわたって診ることのできる医師を多く養成することが、ぼくらの仕事です。とはいえ、若い人には色々な場所に出て行って、多くの経験を積んで欲しいと思います。地域医療で経験を積みながらも、世界を意識して学んでいってほしいというのが、ぼくの考えです」

「地域包括ケアシステム」を作り上げるまでの三〇年

南砺市民病院の前院長・南眞司医師は、現在、市の「地域包括医療・ケア局地域包括課顧問」という立場になり、まさにいま、南砺地域全体の医療とケアの包括的なシステムづくりの総仕上げに入っている。それが**住民参加型システムのさらなる整備であり、住民自身による互助つくり**である。

南医師の歩みをひと言でいえば、苦境にあった南砺市の医療を、訪問診療と医師の養成に重点化しながら立て直し、住民の意識啓発にとりくみ、地域医療再生の一翼を住民にも担ってもらう、という活動そのものだった。住民からすれば、医療や保健の良質な情報に触れることはそれ自体が介護予防となり、認知症予防になり、リハビリになる。

つまりは「老い支度」であり、それは自助意識の涵養ともなる。人生八〇年(九〇年?)時代にあって、その人なりの活力を長く維持するための、早めの「支度」であり、その必須アイテムの一つが、信頼できる情報である。

さて、先ほど南医師にとっての総仕上げと書いた。どういうことか。

「地域包括ケアシステム」とは、専門職同士を結んでいくことだけを目的とするのではなく、市民自らが、それぞれの生活を支え合う仕組みをつくりあげていくことも、重要な課題として含まれている。どう支え合うか。

支え合いが本人の活力となり、地域の活性化になるような、そんな地域包括ケアシステムをどうつくるか。それは、自由な立場になったからこそ、さらに力を入れて取り組んでいく宿題である、と南医師はいう。

これまでにもお伝えしてきたが、どれほど素晴らしい地域包括ケアシステムを作ったとしても、それが「行政依存型」である限り、人的にも経済コストにおいても、負担の削減はさほど大きくはない。どう住民参加型・互助型システムに転換していくか。

南砺市民病院と地域住民との信頼関係

南医師は一九八三(昭和五八)年に、現在の南砺市民病院に赴任した。南砺市民病院は国保直営病院であり、その先駆的存在である公立みつぎ総合病院は〝みつぎ方式〟と呼ばれ、医療、保健、リハビリ、介護、訪問診療、福祉なども連携した、包括的なケアを基本理念としていることで早くから知られていた。南砺市民病院も、みつぎ方式をモデルとして地域医療を学んできたといい、なかでも訪問診療には万全を期してきた。

「ここに来て、すぐに不定期の訪問診療を始めたのですが、私の患者に変性疾患の方がいて、在宅療養をしながら通院していましたが、熱が出たら来られないという。そういうことなら往診に行こう、と看護師さんと一緒に家に行くことになりました。最初は不定期だったのですが、やがて定期的に看護師が訪問し、リハビリに出向き、医師も定期的に往診し始めました。**患者さんにとって必要があれば、その必要なサービスは作ればいい。**それだけのことなのですよ」

まったくおっしゃる通りだった。**この点は、本書にご登場下さっている皆さんに、おそらくは共通する。**南医師にはまた、次のようなエピソードもあった。

七〇歳くらいの一人暮らしの男性が、退院して家に帰ることになった。そのとき、食事（治療食）がどうにもならない、つくれないと言う。それなら病院から出そうという話になって、配食サービスを始めようとしたところ、県から待ったがかかった。厚生省（当時）まで上がり、そこでOKが出された。以後、配食を続けてきた（現在は業務を民間に移譲している）。

「病気の後、重い障害が残っても家に帰りたい、という人は圧倒的に多かった。ですから訪問看護や在宅支援に関しては、三〇年間取り組み続けてきました。気が付いたら非常に手厚い訪問看護体制がつくられています。人口五万の市で、いまフルタイムで一六人ほどの訪問看護師がいますし、リハビリにも一〇人ほど出しています。苦労話はたくさんあるのですが、ここまで推進できたのは、病院のみんなの思いが一緒になっていたこと。合併前も現在の南砺市になってからも、市長さん町長さんはじめ、行政の皆さんの理解と協力が深かったことです」

そして、退院したからといって、病院の役割は終わりではない、退院後、地域でどう幸福な生活をしてもらうか、それが医療の最大の目標だ、とも強調する。

さまざまな社会サービスが整っている都市圏とは事情が異なるから、病院にとっては専門外ではあっても、必要なサービスは自分たちで作らなくてはならなかった。認知症の人も、一七、八日入院した後は地域に帰るから、セーフティネットをつくるなど、その対策にも力を入れてきた。

南眞司氏

こうした柔軟な対応がどこまでできるか。

「たとえば退院前に、患者さんと家族を交えて「退院カンファレンス」をします。二〇年以上前からやってきたのですが（厚労省が最近お金を付けました）、それによって本人の状況を家族が知ることができるし、本人の思いも知ることができます。九九パーセント以上の人が家に帰りたいわけですから、その気持ちを述べてもらいながら、家族はどこまで応援できるか確認し、足りないところは病院がバックアップするから可能な限り家族も見守ってほしい、そう伝えることで、家族とのきずなを結ぶようにしてきました」

退院の際に誰もが心配することは、再発した時に再び受け入れてもらえるかどうかだという。

「それは絶対に大丈夫だ、という**約束はずっと守ってきた**のです。このことが病院と住民との信頼関係の構築になるわけです。それには時間がかかるし、一度約束を破ってしまったら全て壊れる。そういう積み重ねをしてきました。それが、自助・互助を支える共助・公助の役割です」

前述したように、医師の養成と、住民参加型のスタイルをつくりあげたことが、南砺市の特徴だった。その着眼がどこからきたものか、筆者には大きな関心事だった。ここで富山大学の山城清二医師がもう一人のキーパーソンとなるのだが、山城氏については少し先で紹介させていただこう。南医師は言う。

「危機感はいやでも持たざるを得ませんでしたが、住民の方が関心を持ってくれたのは、山城先生が上手に旗を振られたことが一つです。そして前の婦人会の会長さんの意識が高くて、**地域の医療が壊れそうだという危機感**を強く持っておられ、婦人会という大きなパワーとして結集しながら一緒に歩もうとしてくれたことです。こんなふうに人が集まってくれた、そういうことだと思います」

そして南医師は、南砺市は若い医師を育てるための重要なフィールドとしての条件をそろえている、しかしフィールドを作ることができても、医師をどう育てていくかというノウハウは持っていない。それを持っているのは大学だが、大学はフィールドがない。そこで大学とコミュニティが協働することによって、最良の医師育成の場となる、と述べる。

「私が南砺市民病院の院長になったのは〇九年ですが、〇八年から医師が減ってきました。それから、人づくりをしないといけないということで、初期研修医が来てくれるようになりました。そのまま後期研修医となり、総合診療医過程の後期プログラムに入ってくれたのです」

医師育成について、富山県の中で、もっとも危機感の強い所が南砺市だったのだろう、と南医師は言う。

生活支援と互助作り

さて、南医師にとっての最終的な課題である互助づくりについて報告しよう。

「最後は、住民同士が支え合っていかないといけないわけですが、それが『マイスター養成講座』や『地域医療を守る会』といった取り組みとなり、前へ進んでいます」

しかしそれでもまだ十分ではないという。

「私は院長を辞した後、地域包括課・地域包括支援センターの顧問として残り、そこで半日働かせてもらっています。医療、訪問看護というプロのネットワークはできたのですが、足りないのは、在宅介護と生活支援サービスです。これから圧倒的に老老介護が増える。どう互助の仕組みを作るか。私には、いろいろな立場の人と会える利点があるので、その人たちをつなぐことが、現在の最大の仕事です」

医療・介護・生活支援のネットワークづくり

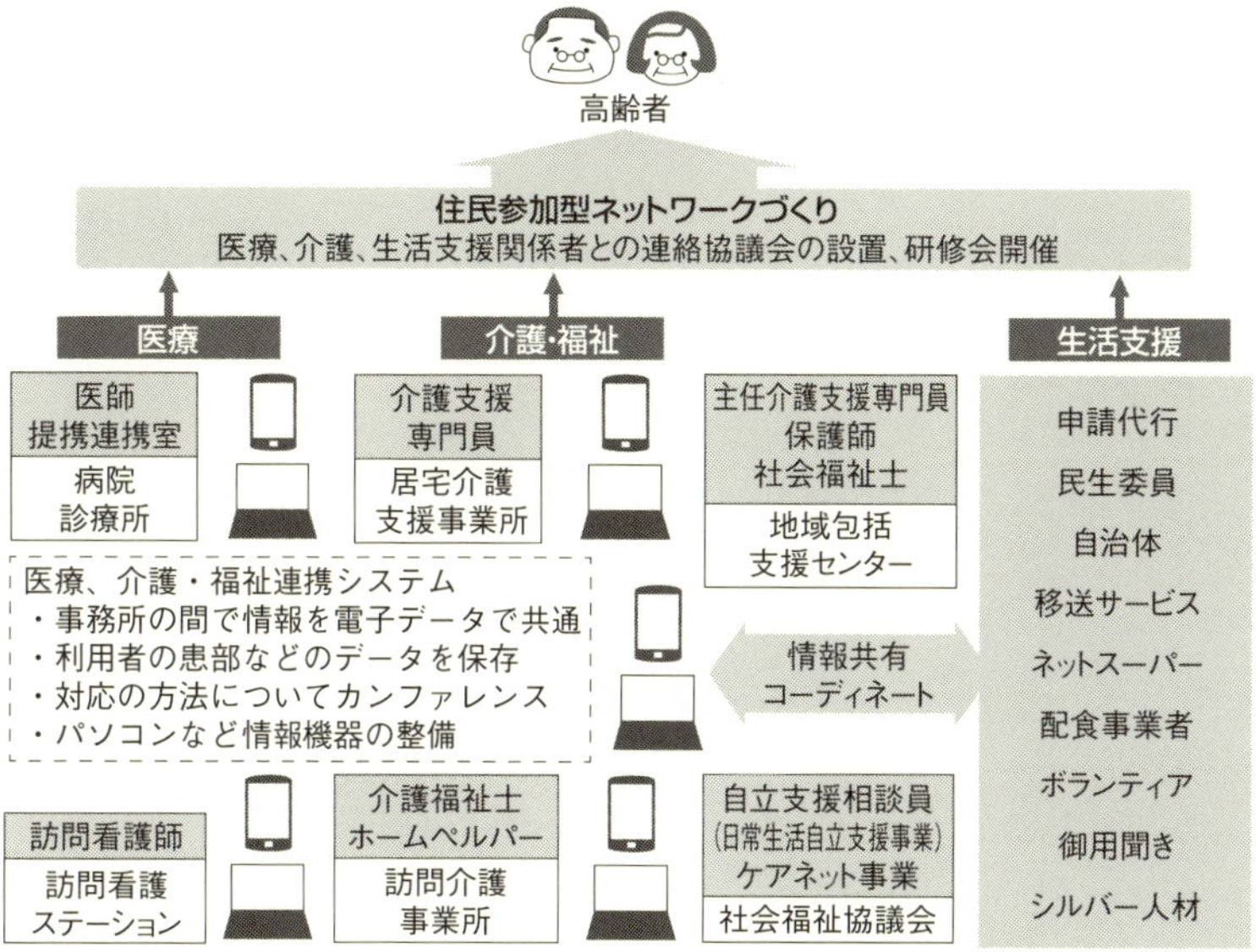

※平成24年度、南砺市地域包括医療・ケア局 創設

今までは家族介護ができたからこそ、どんなに重度な人でも訪問医療・看護、リハビリを組み合わせながら生活を成り立たせることができた。しかし一人暮らしになると、それでは成り立たない。早朝、朝昼晩、寝る前など、必要なときに介護職が行き、一人暮らしの人や老老家族を支える。これからは、そういうプロの介護力が必要である。

その一つが、生活支援サービスの充実だった。生活支援には、食事、移動の際の送迎、ごみ出しなどたくさんある。それは医療では担えない。生活支援には多くの役割が期待でき、南砺市には、生活支援サービスを作ることで、介護予防につなげている地域もあると言う。

「畑仕事をみんなでやり、食べ物をつくって互いに回す。ちょっと弱っていて出不精な人に声をかけ、外出できるようにする、そうしたら要支援から自立してしまった、というケースもありました。傾聴ボランティアもありますし、地域には文化や歴史があり、それらも組み合わせて生活支援サービスを作り、課題を見つけ出していくことが介護予防につながります。それをこの一年から三年で作っていこうとしているのです」

地域の人が互助で支え合う。そうした南砺市をこれから作っていきたいというのが、いま最大の課題だ、と南医師は締めくくった。

南砺地域の「医療崩壊」と山城医師の応援

二〇〇四年、富山大学医学部に総合診療部門が創設された。地域医療や家庭医療、総合医療の専門医の養成を目的としており、まだ全国的にも少数だった。山城清二医師は、この富山大学総合診療部教授として赴任して一〇年目。南砺市にかかわるようになってからは六年目になるという。

医師教育を専門とするとはいえ、まずは自身が診療できないといけない。山城医師はそう考え、当初の二年間は大学の付属病院で外来をしていた。その傍ら、地域で活躍する若い医師を育てたいと、富山県全域を講演して歩きながら研修のフィールドとなるような診療所や病院を探していた。

富山大学に来て五年目になったとき、南砺市民病院の前々院長の倉知圓《まどか》医師から、南砺市の地域医療の応援にきてくれないかという依頼があった。山城医師はすぐに引き受けたのだが、それが南眞司医師との出会いだった。

当時の南砺市は市町村合併の後で、富山県で最初に「医療崩壊」が報じられた地域だった。三つの公立病院のうち、五〇床あった福野厚生病院が規模を縮小、診療所化されて南砺家庭・地域医療センターになり、三人いた常勤医が一人になった。小児科は縮小された。

「私は外来に入るようになりましたが、在宅医療が進んでいる地域だったので、外来とは別に、多いときは五人くらい在宅の患者さんを担当しました。時々、若い先生も連れて行って診ていました。それが最初です。私としては、しっかりとした地域医療のなかで若い医師を育てたいと考えていたのだけれど、医療崩壊先進地域に応援に来ることになったわけです」

その間、山城医師は、地域を活性化するためにはどうしたらいいか。住民と、どうかかわっていけばよいか、考えつづけていた。住民に対してセミナーをしよう、講演活動をしようといった案が出された。ちょうどその頃、「住民とともに地域医療を考える」という岩手県藤沢町（当時）の町報の特集記事のなかで、藤沢町民病院の医師が、住民と対話しよう、これからは住民とかかわることが大事だと書いており、また別の医師も、町の病院を守るには住民の力が必要だ、と訴えていた。

「そこで、地域に出て行って講演活動をしようということになり、最初、『在宅医療推進セミナー』という名前で

山城清二氏

講演会を始めました。その後、人材育成に力を入れようということで、『南砺家庭・地域医療センターを会場として人材育成をします』、とアピールしたのです。それが二〇〇八年です」

地域医療再生マイスター養成プロジェクト

南砺市民病院のホームページには、富山大学との連携として次の内容を掲げている。

「南砺市の地域医療を守り育てる活動の発展：医療専門職と住民への啓発活動

1 『在宅医療推進セミナー』：7回開催」。

山城医師は言う。

「セミナーはテーマが二つでした。一つは医療の話をしようということ。まず発熱について。小児科救急なども交え、急に発熱があったときにはどうすればいいか。もう一つは地域医療の現状や課題について。医者が足りないが、地域に魅力がなければ医者はすぐには来ません、と伝えました」

そして山城医師は、住民がともに地域医療を考えるような地域にしていきたいと思い、「地域医療再生マイスター養成プロジェクト」を提案した。これまで、講演活動をしながら、みんなで何かやってみませんかと誘ってきたが、どうしていいか誰も分からず、動きだすことができずにいた。このとき山城医師は、人は、講演会活動を聴いているだけでは動かないのだということが分かったという。何か新しい試みをしなくてはならない。

ちょうどそのとき、「地域再生システム論」を知る機会があった。北陸先端科学技術大学院大学に産学連携の地域再生システムの講座があり、その教官が富山大学に異動してきた。そこで、地域と企業の活性化の方法論を教えてもらうことができるようになった。

「これを医療に使えないかと考えました。そして、地域医療再生マイスター養成講座という名前で始めてみたのです」

再びホームページの記載から。

「2　『南砺市地域医療再生マイスター養成講座』

平成21年に隔週で5回開催された。医療、福祉関係者や市連合婦人会員などが参加し、有限な医療資源を有効利用し、地域住民参加型の地域医療システム構築と人材育成を目標に在宅介護、終末期医療、医師不足などについて自らの課題や市全体の取り組みを構築しました。活動は毎年継

地域医療再生マイスター養成プロジェクト（南砺市）

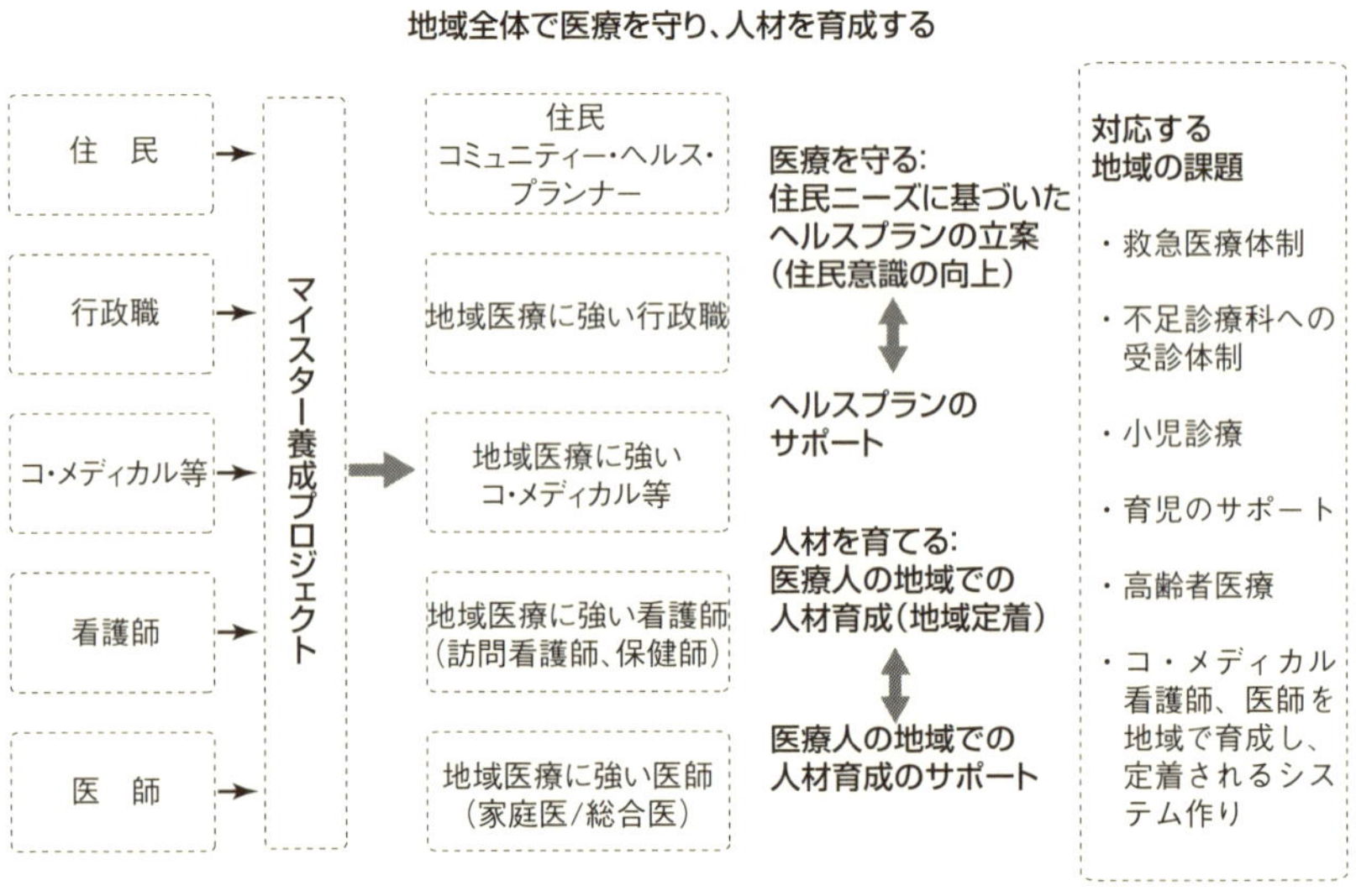

続し、今年度も9月開催が決定されています」とある。

山城医師は言う。

「マイスター養成講座は五〇名募集し、終了者四四名でした。テーマは、意識改革の方法。二回目は、参加者自身に地域の課題を見つけてもらうこと」

それぞれの職種の人が自分の課題をつくってみた。山城医師たちは、地域で総合診療医をどう育てるか。訪問看護師をどう育てるか。婦人会の人は、認知症予防をどうしようか。自分たちの地域の医療をどうしようか。それぞれ発表した。

「地域と地域医療を守り育てる会」

山城医師はそのあと、せっかくだから、これを発展させて「地域と地域医療を守り育てる会」を作らないかと提案してみた。

「皆さんはいま一つ積極的ではなかったので、ぼくが会長をやりますからと言ったら賛成してくれました。三カ月おきに、いろいろな講師を呼んで勉強会をしました。会則はつくらず、会費も徴収せず、基本的な理念のみ決めました」

「①学びましょう。②討論しましょう。③連携しましょう（医療・保健・福祉・介護、行政・住民・医療関係者）④〝自分ごと〟として行動しましょう。⑤若い人を育てる『教育空間』を作りましょう。⑥子どもとお年寄りに優しい地域を作りましょう。⑦住みやすい街にしましょう。」

これらの七項目だった。山城医師は言う。

「だんだん医療者と住民の意識の違いが分かってきました。医者がなぜ忙しいか、地域の人から理解されていきました。我々も、住民はこんなことで困っていたのか、福祉や行政の人は、こんなことで困っていたのかということが分かり、少しずつギャップが埋められる会になってきました」

「南砺市の地域医療を守り育てる会」は、年三回のペースで、第一三回まで開催された。

「地域医療崩壊から始まり、人材育成を始め、だんだん育ってきて、地域包括ケアシステムの方向に動き出しました。市の職員が生き生きしていますし、訪問看護師が一番元気になりました」

課題もある。活動や地域を守るという意識が、まだ末端にまで広がっていないことだ。しかし前述したように、南医師が、南砺市民病院長を退職したことでつなぎ役になっ

た。医療だけではなく、社会福祉協議会や老人会などにも少しずつ広がってきた。市も、マイスターの資格を取った人が、たとえば講演会を企画したいとき、それが地域包括ケアに対して役に立つものであれば、助成金を出すようになった。そこまで理解が深まった。

「初めから住民参加型でやろう、と考えていたわけではないのです。ここに来て、地域を見ながら課題は何かと必要に迫られ、こうすればいいのではないかとやってきて、それがうまく回ったということです。キーワードとして『住民』を入れたことが成功だったと思いますね」

現在富山市には、南砺市のモデルを使って都市型モデルをつくっていく計画があるという。住民参加型のシステムはどうしても地域特性と表裏一体であり、富山市は、富山市のやりかたを試行錯誤するしかない。

「作り上げるまで、南砺では五年かかりました。トップダウン方式でやろうとしてもだめですし、五年かけたものを二年でやろうというのは、難しい課題もあります。でも、基本的なやり方は同じです」

山城医師はそう結んだ。

4 地方移住問題と「地域包括ケアシステム」に触れて

国が奨励する「地方への移住」のあやうさ

「認知症患者」はどこに行けばいいのか

消滅可能性都市と「地域移住」の奨励

『地方消滅』（中公新書・二〇一四年八月）という本が、先の東京都知事選に立候補した増田博也氏（日本創成会議）のグループによって世に出され、衝撃を与えた。女性の減少を限界集落化の最大のポイントと考えていて、「二〇一〇年から二〇四〇年までに、二〇歳から三〇歳までの女性人口が五割以上減少する地方を、「消滅可能性都市」として、そのリストを公表したものだった。

さらには、半年後の一五年六月、「地方消滅」を受けるように「**東京圏高齢化危機回避戦略**」という、これまた驚くべき提言を出した（http:www.policycouncil.jp）。地方の消滅とともに、高齢者が、一〇年後、大都市圏でいかに激増するかが危惧されている。

この提言の全体は次のように構成されていた。

「Ⅰ．東京圏の高齢化はどう進むか」
「Ⅱ．東京圏の医療介護はどうなるのか」
「Ⅲ．東京圏の高齢化問題にどのように対応すべきか」

東京・大阪などの大都市圏で、これから医療職や介護職を充たしていこうとすれば、地方の人口減と消滅化はさらに拍車がかかる。介護人材の不足と要介護高齢者の増加。介護サービスを受ける高齢者の、格差がどんどん拡大する。

筆者個人は、どこに住んでどんな晩年を過ごすかなど、一人ひとりが自分の意思で決めることであり、お上からとやかく言われることではない。そんな気持ちをもっているが、ともあれ、**国が示した、「認知症七〇〇万の時代」に対する処方箋の一つ**であることは間違いない。

さらに詳しく見てみると、次のようなことが記載されている。

「1．医療介護サービスの『人材依存度』を引き下げる構造改革を進める」

介護福祉は、これまで雇用の受け皿として期待されてきたけれども、労働人口の減少のためにそれは困難であり、むしろ外国人介護人材の受け入れやＩＣＴやロボットの導入など、サービスの効率化と構造改革が提言では言われている。

へそ曲がりの筆者は、「人への依存度を下げていく」なんて言われると、生活がしっかりとオートメーション化され、二四時間、管理下に置かれているイメージが浮かんでくる。認知症の安楽死と尊厳死の問題が、立岩真也氏の『精神病院体制の終わり　認知症の時代』（青土社・二〇一五年）でも書かれているが（p153～211）、いわゆる「終末期」も「死」も、〝介護の効率化〟の名のもと、徹底して管理されていく。思いすごしであることを願うが、そんな風潮が進展していくのではないかという不安が湧いてくるのである。

都市部であっても、持てる者は対価に応じたケアが受けられる。しかし対価が負担できない高齢者は、介護スタッフの集まらない施設で、質のよくない介護を我慢して受けることになる。預けられて、ただ管理されるだけの施設も増える。**そんな介護を望まないのであれば、地方移住を希望したほうがいい**。提言はそういうロジックになっている。

良く受け止めれば、警鐘を鳴らし、呼びかけているということになるのだろうが、将来的に介護環境の悪化を招いたとすれば、それは自身の判断のゆえであり、自己責任である、という論理構造が、どうにも気にかかってならないのである。

提言の二つ目。「地域医療と介護体制の整備と高齢者の集住化の促進」。

住む地方の地域をコンパクトにし、効率的に介護サービスを使おうという構想のようであるが、「コンパクトな都市構想」は一四年の八月に国土交通省から出され（同じ時期に総務省も「拠点都市圏構想」を出しているが）すでにいくつかの地域で試行的に取りくまれている。ところが、いまのところ思ったような効果が出ていないと報告され、結局、新手の箱物行政ではないか、という批判が出されている。

三つ目が、「一都三県の連携・広域対応」。

四つ目が「希望に沿った地方移住ができるように」という移住促進。

この四つ目の「地方移住」にスポットが当たっている。政府のアンケートによると、五〇代の地方移住希望者は、男性五一％、女性三四％となっており、この希望が実現するよう自治体は取り組むべきだ、ということが論点の一つ。

二点目が、高齢者が定年後も働くようになった、そのことが高齢者の人口移動にブレーキを掛けている、地方勤務が可能になるような仕組みづくりを地方は促進させること。そして三点目が、医療介護のコストの低さ。こうしたことを理由に挙げ、「地方移住」を奨励している。

国のグランドデザインは整合しているのか？

ところで、これまで繰り返し述べてきたように、本書は、いま、国が推し進めている（はずの）**「地域包括ケアシステム」の報告（ルポ）を通して、もっと工夫やアイデアを出し合いましょうというコンセプト**なのだが、この数年地方を取材し、テーマは大きく二つあるのではないかと感じてきた。

ひとつは、**「地域包括ケアシステム」とは、〝地域おこし・街おこし〟と連動がうまくいったときに、システムとしての機能がより活性化するのではないか**と思ったこと。地域の活性化は、基本的には若い人たちが集まってくれ、多世代から構成されることが大きな要因になる。「高齢者に住みやすい地域づくり」ということは、「若い人たちや子どもにも住みやすい街づくり」でなければならない。そして、直接介護職に関わるかどうかは別としても、若い人たちにも「地域包括ケアシステム」の重要な担い手になってもらう。すでに多くの論者も触れていることではあるが、それが実現され、雇用がつくられることが、とても重要ではないかと思う。この点が一つである。

もう一つは、**「地域包括ケアシステム」をつくるということは、要するに地域に「終の棲家」をつくること**、あるいは今暮らす場所を「終の棲家」にすること。「終の棲家」とは言うまでもなく「看取られる場・看取りの場」である。そしてこれまでの報告で示してきたように、地域包括ケアシステムとは、在宅での人生の最期を望むなら、その意思を最期まで支えますよ、というシステムの謂いである。

ということは、どんな場所で人生を閉じたいか、どんな人生の終《しま》い方《かた》を望むのか、受け身ではなく、本人自身も自分の意思を伝え、それぞれのやり方でシステムづくりに加わっていく。〝終活〟という言葉が広まっているが、これがもっとも重要な終活ではないかと思う。

自分の「終の棲家」がある地域に、まだ動けるうちから、少しずつ自分を支えてくれるネットワークを作っていく。一般的には専門職がその担い手になるが、本人や、地域住民も、広いかたちでのケアシステムの一員になっていく。「地域包括ケアシステム」にあっては、そういう発想が大事ではないかと考えてきた。これが二つ目である。

ところが、突然、「地方移住」の話が出された。**地域包括ケアシステムと地方移住**、この二つの国の方針（というか、方向性）は、**整合するのだろうか**。一方では「医療施設も介護施設もこれ以上作れないし、予算もない。在宅ケアの時代です。そのためには住み慣れた場所で、地域包括ケアシステムをつくることが重要ですよ」と言い、もう一方では「病院や施設のベッドは、地方のほうに余裕があるから、これからは地方で暮らしなさい」という。つまり「自分人生の閉じ方は自分で決めましょう」というこれまでの流れにたいして、国が、日本はこんなことになっていますから、こうしなさいと言い始めた。

国の方向性（あるいはグランドデザイン）がダブルスタンダードになっており、これでは現場は混乱するのではないか。

病院のベッド数について

この増田レポートの元になっているデータとして、「医療・介護に余力のある地域」が割り出されているが、査定基準になっているのは、病院と介護施設の「ベッド準備率」のレベル、だった。評価の元になった資料は、国際医療福祉大学院の高橋泰氏「全国各地の医療介護の余力を評価する」による。

これについては、第1章で登場していただいた高橋紘士氏による批判がある。基準の取り方とか、統計の適否などが、批判の眼目となっている。

「ベッド準備率」は七段階で評価されていて、「急性期医療密度指数」「急性期医療レベル」「慢性期医療密度指数」「二〇一五年介護ベッド準備率」「二〇四〇年介護ベッド準備率」「介護ベッド準備レベル」の七つの項目が算定されている。専門的な意見は色々と出されているが、何を査定しているかと言えば、要は病院と介護施設のベッド状況である。

「こういう計算をしたら、この地域と、この地方のベッド

病気の種類別にみた病床数

各年 10 月 1 日現在

	施設数		対前年		構成割合（%）	
	平成 26 年（2014）	平成 25 年（2013）	増減数	増減率（%）	平成 26 年（2014）	平成 25 年（2013）
総数	1,680,712	1,695,210	△ 14,498	△ 0.9	—	—
病院	1,568,261	1,573,772	△ 5,511	△ 0.4	100.0	100.0
精神病床	338,174	339,780	△ 1,606	△ 0.5	21.6	21.6
精神科病院	252,747	253,489	△ 742	△ 0.3	16.1	16.1
一般病院	85,427	86,291	△ 864	△ 1.0	5.4	5.5
感染症病床	1,778	1,815	△ 37	△ 2.0	0.1	0.1
結核病床	5,949	6,602	△ 653	△ 9.9	0.4	0.4
療養病床（A）	328,144	328,195	△ 51	△ 0.0	20.9	20.9
一般病床	894,216	897,380	△ 3,164	△ 0.4	57.0	57.0
一般診療所	112,364	121,342	△ 8,978	△ 7.4	100.0	100.0
（再掲）療養病床（B）	11,410	12,473	△ 1,063	△ 8.5	10.2	10.3
歯科診療所	87	96	△ 9	△ 9.4	—	—
療養病床総数（A）＋（B）	339,554	340,668	△ 1,114	△ 0.3	—	—

が空いています。ベッドが空いているところに移りませんか」、と言っているわけである。もちろん、ベッドを基準にすること自体がおかしいという批判はたくさんあり、地域包括ケアシステムという、いまの国が目指している方向とどう整合するのかという感想を、筆者も持つ。

それはひとまず置き、次のデータを示したい。「病床の種類別に見た病床数」（『健保ニュース』健康保険組合連合会・二〇一五・一二・一五）。二〇一四年度分である。

平成二六年分を見ると、病院（一五六万八二六一）となっており、その内訳は、

精神科病院（二五万二七四七）、
精神病床（三三万八一七四）、
一般病院（八万五四二七）、
感染症病床（一七七八）、
結核病床五九四九、
療養病床（A）三二万八一四四、
一般病床一万一四一〇、
一般診療所一一万二三六四、
療養病床（B）一万一四一〇
＊（A）＋（B）三三九五五四

次に、この表の「解説」に次のように書かれている。都道府県別の人口一〇万人対一般病床数を見ると、多い順に、

高知一〇六四・六床、

大分一〇〇七・四床、

北海道九八三・五床、

岡山九五四・七床、

熊本九三二・八床。

地方の県がベスト5を占めている。次に少ない順。

埼玉四九一・一床、

神奈川五〇八・七床、

千葉五六三・七床、

静岡五六六・八床

となっていて、こちらは都市圏が占めている。さっきの査定と必ずしもすべてが符合するわけではないが、**基本的には地方にベッド数が多い、都市圏は少ないという構図**を裏付けている。

精神科病床のデータは、この資料（「健保ニュース」）には出ていないが、厚労省のホームページで、平成二二年度の古いデータであるが、次のような統計を見つけることができた（第2回　精神科医療の機能分化と質の向上等に関する検討会　平成24年4月19日）。棒グラフになっていて、正確な床数は出せないけれど、精神科病床は多い順に（人口10万対）、鹿児島、長崎、佐賀、徳島、大分。

九州地方が多い。次に少ない順。神奈川、滋賀、愛知、東京、静岡。やはり精神病床数も大都市近郊が少ないというデータになっている。

「認知症患者」はどこへ行くのだろうか

筆者が気になるのは、認知症患者が、これから急増していくということに伴う、**受け入れ態勢の整備がどこまでなされているのか**という点である。

厚労省の「認知症施策推進総合戦略（新オレンジプラン）」で調べてみると、次のような推計値がはじかれている（「日本における認知症の高齢者人口の将来推計に関する研究」平成二六年度　九州大学二宮教授による速報値）。

二〇一二（平成二四）年　四六二万人。

二〇一五年度（推計）六百二万人〜六三一万人。

二〇二五年度（推計）六七五万人〜七三〇万人。

一〇年後には七〇〇万人を超える。まさに「認知症七〇〇万人時代」の到来である。

地方移住を勧めるというとき、この認知症の患者たちのことをどんなふうに考えているのか。「地方のほうが、手厚い看護や介護が受けられますから、地方へ」と、移住を勧めるのか、先の日本創成会議の報告（増田レポート）では、この点にはまったく触れられていない。

認知症は進行が進んでしまうと、残念ながら一般病院も介護施設も、なかなか受け入れてはくれないのが現状であり、日々の対応がどんなことになるのか、非常に危惧される点が多い。「施設虐待が増えている」、パニックや不穏になったときには「身体拘束」をしたり（これは原則、法律違反である）、薬を大量投与して鎮静化を図ったりして対応している。

地方に認知症の患者が集中することによって、施設ケアの質がどんどん劣化していきかねないという危惧を、筆者は強くもつ。病院も介護施設も、ケアをする人材がどんどん不足していくし、こういう状態で地方移住してどうするのかというのが、増田レポートに対する率直な感想である。

くり返したい。一〇年後を見越した超高齢社会対策の将来構想として、「地方移住もあり」というオプションが出された。そこでは、言うまでもなく医療度や要介護度の高い高齢者は想定されているだろう。しかし認知症の高齢者はどこへ行けばいいのか、いまのところ、確たる指針は見えないのである。

一方の、「地域包括ケアシステム」というのは、すでに報告した東近江も幸手もそうだったが、「認知症の人も地域で暮らせますよ、周りで力を合わせてサポートしていきますよ」という取り組みだった。認知症になっても、地域やチームで支えながら、地域で暮らしていくことができるように、その仕組みを作りましょう、というのが地域包括ケアシステムの、大きなポイントの一つではないか。少なくとも筆者はそう受けとめてきた。

精神病院体制強化の危惧

先ほど地方のベッド数をあげたが、もう一つ、気になる状況を示したい。

「平成26年4月1日に精神保健福祉法が改正され、医療保護入院を主に以下の制度が変わりました」ということで、次の三点の変更が告知されている（厚労省ホームページより）」。

（1）保護者制度が廃止されました（これまで、精神障害者の方一人につき一人の保護者がご家族の方等から

選任されていましたが、その仕組みが廃止されました）

（２）医療保護入院の際の同意者が変わりました（ご家族のうちいずれかが同意すれば医療保護入院が可能です。また、ご本人に限らず、ご家族の方でも入院中の退院請求をすることができます）

（３）医療保護入院の方への退院支援が制度化されました

（略）

簡単にいえば、**精神科病院への入退院の手続きを簡略化しましょう**、家族最低一人の同意があれば入院できるようにしましょう。そういう改正で、入院のハードルを下げたもので、まさに「認知症患者七〇〇万人」時代をにらんだ改正ではないか、と一部の識者からは危惧が出されている。たとえば先の立岩真也氏は『精神病院体制の終わり――認知症の時代に』（青土社）で批判している。

現に少し前、ある医療法人が、経営におけるいくつかの抜け道をつくりながら、マンションに高齢者を集中的に入所させ、身体拘束（縛り付け）をして〝管理〟していたという事件があった。こうしたケースは氷山の一角ではないかと危惧されるし、残念ながら、これから増えていくだろうことを念頭に、チェックしていく必要がある。連綿と続いてきた〝**悪しき精神病院体制**〟が、認知症七〇〇万人の時代にさらに強化されていくのではないか。それが筆者の杞憂であることを強く願うばかりである。

富裕層はいい。経済的に何の心配もない「おひとりさま」は、自宅であれ施設であれ、地方であれ都会であれ、好きなところで、好きなだけケアを受けながら暮らしていただけばいい。新しいパートナーと暮らしていただくのもいい。何一つ言いたいことはない。

問題は、特別養護老人ホームは満床で行き場がない、民間のケア付きマンションには入れない、家族はいない、いても自宅介護には限度がある、人を雇うようなお金は出せない、というように、抑えられた年金生活を余儀なくされている層が、これからますます増え、その人たちの生活や、ケアの環境が劣化を余儀なくされていくことである。

加えて、ケアの人材は足りない、彼らにおカネも出さない、スキルを身につけていく育成にも力を入れない。しかも経営側の体力を奪うことばかり押し付けてくる。結果、スタッフを徹底して管理し、低賃金で長時間働かせるしかない、という現状は多く報告されている。

残念ながら、地方移住の勧めは、こうした課題に対する根本的な解決にはなっていないというのが、筆者の二つ目の判断なのである。

都市と地方の「在宅死」の問題

もうひとつ論じておきたいことがある。これも多くの方々がすでに指摘していることだが、大都市圏は、地方に依存しなければ存続できない。エネルギー、食料、水、さまざまな資源。そして人。多くの人や物を依存している。そして経済を回していく。都市圏で経済が回らなければ、地方経済はあっという間に危機に瀕する。地方も都市に依存しており、とても深い相互関係（互恵関係）がつくられている。

ところが、そこには背理があり、地方が都市への依存度を高め、都市が生活の快適さや利便性を増せば増すほど、逆に、人が集まってくる。結果的に人口の一極集中が推し進められ、結局は、地方の消滅を促進させるようになる。増田リポートは、地方が今後消滅していくという事実だけではなく、そのことによる想定外の影響が大都市圏にももたらされ、都市自体の存亡も危うくなる、ということもそのメッセージには含まれている（はずである）。

地方が衰退すれば都市の存続は危うくなる。当然、日本経済を駆動させている東京や大阪など大都市の衰退は、日本国全体の衰退に直結する。この構造的ジレンマは変えられるのか。要するに、村落の消滅化を放っておけば、いずれ日本国は衰退するという構造になっている。少なくない人が、東日本大震災を経験して気がついたはずである。

そして増田提言は、中高年の個々人に意思決定を求めている以上に、地方の自治体に、どこまで本気で取り組む意思や意欲があるかと迫っている、と筆者は深読みしたくなる。現実的に地域差が出ているし、さらに大きくなるだろう。たとえば救急の迅速性はどうか、在宅医（総合診療医）や総合的なナースの質はどうか、産科はどうかとか、いろいろなデータがそろえられ、各県や地方自治体がこぞって地方移住のための〝営業〟をかけるかもしれない。

毎日新聞の一六年七月七日版に、「**市町村別在宅死の割合**」の、厚生労働省が発表したデータが掲載されている。「在宅死」とひとくくりにされているけれど、この数値をどう読みこむか。いくつかの補助線が必要である。ここには自殺や、孤独死もあるし、不審死、異常死といった法務省が絡むケースは入っているのかなど、さらに詳細なデータがあることが望ましい。都市部で「在宅死」の割合が高

市区町村別の在宅死の割合

	人口5万人以上20万人未満			人口20万人以上	
↑上位	兵庫県豊岡市	25.6%	↑上位	神奈川県横須賀市	22.9%
	東京都中央区	21.5		東京都葛飾区	21.7
	千葉県浦安市	20.5		千葉県市川市	21.5
	奈良県生駒市	20.1		東京都新宿区	21.4
	千葉県大網白里市	19.9		東京都墨田区	20.0
	東京都立川市	19.6		東京都江戸川区	19.9
	佐賀県鳥栖市	19.5		東京都豊島区	19.2
	福島県伊達市	19.4		千葉県船橋市	18.7
	愛知県半田市	19.3		東京都江東区	18.7
	岩手県北上市	19.2		福島市	18.5
	奈良県天理市	19.2		⋮	
	⋮				
	北海道江別市	6.9%		秋田市	9.2%
	福岡県行橋市	6.9		新潟市	9.2
	佐賀県伊万里市	6.9		群馬県伊勢崎市	9.1
	鹿児島県日置市	6.9		大阪府牧方市	9.0
	青森県五所川原市	6.7		松江市	8.8
	石川県小松市	6.7		北九州市	8.7
	大分県宇佐市	6.7		北海道旭川市	8.5
	秋田県由利本荘市	6.5		富山市	8.5
	群馬県沼田市	6.4	↓下位	長崎県佐世保市	8.5
↓下位	佐賀県武雄市	5.7		鹿児島市	8.0
	愛知県蒲郡市	5.5			

毎日新聞　2016年7月7日　東京朝刊

くなっているが、それは家族に看取られた「平穏な死」とはイコールではない、と記事でも指摘している。

「平穏な在宅死」が可能になるためには、「高齢者のネットワークづくり」「多様な趣味や遊び、働き方ができること」「社会サービスへのアクセスの良さ」「緊急時の入院加療や意志の訪問などの備え」。そのあたりがターゲットとなってくるだろうから、結果的には、都市に終の棲家を求めようと、地方に求めようと、やはり**地域の特性と個々人の意思や希望に根差した地域包括ケアシステムの存在が不可欠**ではないかという結論に導かれるのである。

そして地域包括ケアシステムを担う人材が、どこまで確保されているか。どう育成していこうと考えているのか。地方であろうと都市部であろうと、本章での問いや、報告したような試みがいかに重要かは改めてくり返すまでもないことだと思う。「人材依存度」を引き下げ、集住と地方移住を促進するという政策提言は、ポイントを外しているのではないかという印象をどうしても拭えないのである。

【エッセイ2】

非正規雇用が四割で社会保障費を負担できるのか?

ここでは社会保障の「財源」となる「消費増税」について考えてみたいと思う。

現安倍政権は、二〇一六年七月一〇日の参議院選挙の間際になって、「三党合意」を反故にし、消費増税の先送りを宣言した。それが将来にわたってどんな影響をもたらすことになるか、後続世代へより大きな負担となるのではないか。そのような危惧があるが、とはいえ「社会保障と税」というテーマについては、筆者はシロウトであり、専門家の意見を借りることにしたい。

アベノミクスが失敗すると何が起こるのか?

さかのぼるが、『健康保険』二〇一四年九月号では、「社会保障の充実と消費税の役割」という特集を組んでおり、なかに小黒一正氏(法政大学経済学部准教授)が、「財政安定化に必要な消費税率は25%超」というタイトルが付された興味深い論文を寄せている。筆者の問題意識に引き寄せながら、内容を紹介して行きたいと思う。

まず、いささかショッキングな図から引く(次ページ)。

これは「日本の公的債務の対GDP比の推移」、いわば国の借金がどれだけ変化してきたかを示すものであり、驚くべきことに、第二次世界大戦に向かう時期と同じような急上昇を見せ、すでに戦前のピークを更新していることが、図からもみてとることができる。言い換えれば、日本の現在の債務状況は、第二次大戦期の終盤にあたるということになる。

さて、ここからどんなことが考えられるだろうか。

政府内閣はこうした債務状況を改善し、健全な財務運営の方向に少しでも進めようとしているのか。戦時中は、勝利すれば債務は帳消しになるという目算(幻想)が一応あった。そして現代は、アベノミクスが功を奏して景気が一気に活況を呈せば、そうとうな債務返済が可能となる。

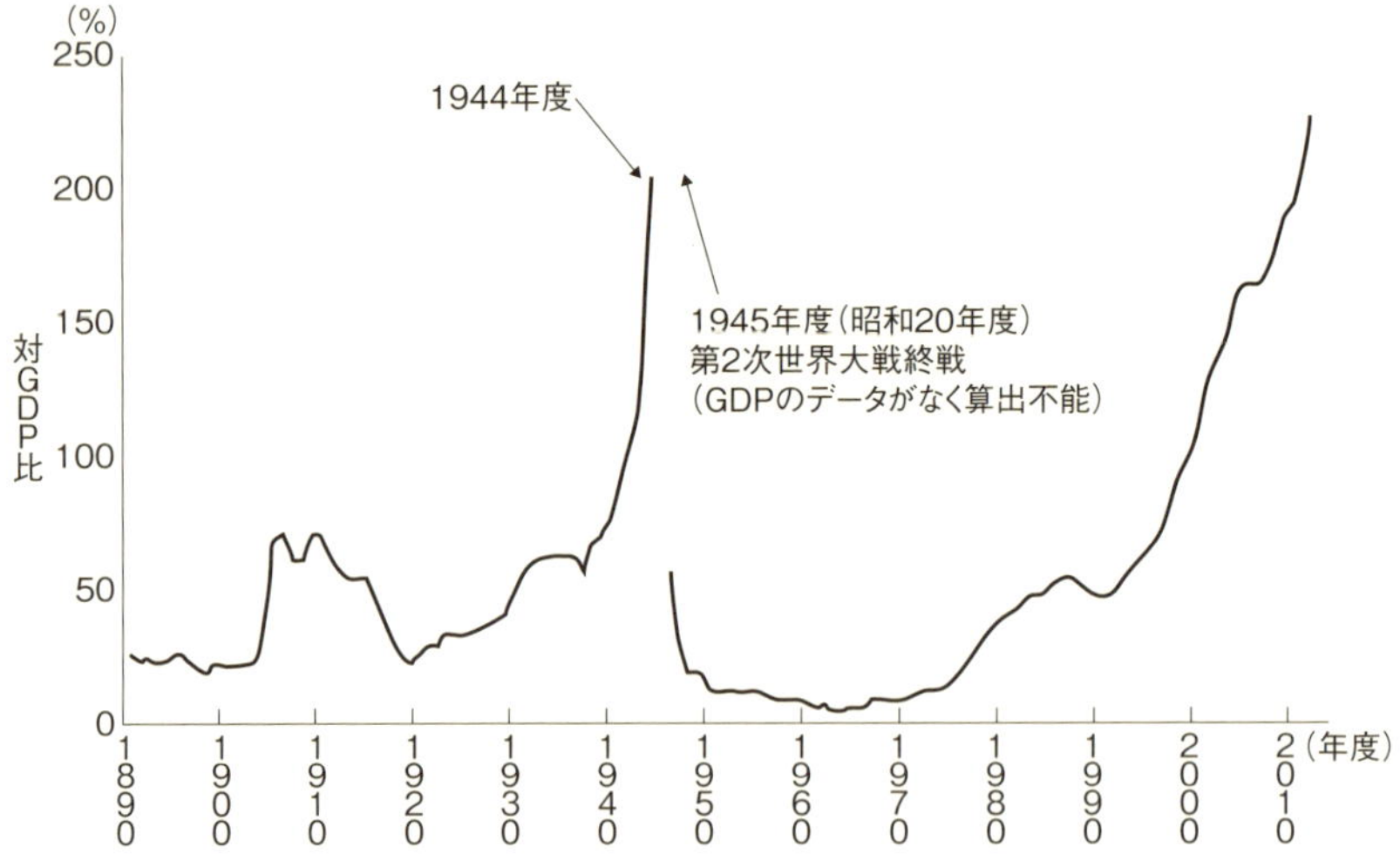

(出所)財務省

そういう目算で経済運営がなされている。

ところがアジア太平洋戦争では、壊滅的な敗戦。国民がいかに辛酸をなめ尽くしたか、改めていうまでもない。現代はどうか。アベノミクスが続ける一発逆転の経済成長が不発に終わったら、さまざまな危機的状況を引き起こす可能性が指摘されている。

ひとつは、国民の富・財産を、一気に国に移譲させる事態に至ってしまうこと。つまりはハイパーインフレを引き起こし、債務をチャラにしてしまうこと。実際に引き起こされる可能性がどのくらいか、筆者には判断はつかないが、国民の多くが悲惨な生活を強いられることになるだけではなく、世界における日本経済の信頼はガタ落ちし、国際的な位置づけもますます転落するだろう。安全保障の面でも、危機的事態を招来するかもしれない。

この膨大な債務を減らし財政を健全化することが、日本経済の最大の課題である、と小黒氏は指摘する。そして、そのためには財政と社会保障の改革は「喫緊の課題」であり、「財源をどう確保するかが問われている」と書く。ここまではシロウトでも分かるが、ところが、次のような指摘もしている。

「円高株安が進行するなか、『(日銀総裁と安倍総理のいう）２％のインフレが実現できれば、痛みを伴うことなく、日本経済は再生する』という『空気』（ムード）がいまメディアを覆いつつあるが、それは『幻想』である」

小黒氏はそう断言する。なぜか。「２％インフレが実現しても、財政安定化に必要な消費税率は25％を超えるためである」。

同じことを逆にいうなら、**消費税率を最低でも25％に引き上げなければアベノミクスが功を奏したとしても、財政の安定化にはつながらない**、そう指摘していることになる。そんなことは聞いていない、と思う人は少なくないのではないかと思う。政府も財務相も、こうした試算を一般には公開していないから、知りようがない。

もう一つ驚いたことは――小黒氏の指摘を思い切り簡単にいえば、社会保障費の上昇を抑制しないまま消費税率の引き上げを先延ばしすることは、最終税率のさらなる上昇をもたらす、という点である。

「このため、ブラウン氏らの試算では、ベースシナリオとして、毎年一兆円超のスピードで膨張する社会保障関係費を抑制せずに、財政安定化のため、消費税を17年に一気に引き上げる場合、その最終税率は33％になると推計している。また増税を17年から22年に５年遅らせる場合、最終税率は37・５％に上昇すると推計している。（略）これは『改革の先送りコスト』であり、引き上げの時期を遅らせれば遅らせるほど最終税率は上昇することを意味する」（Ｐ18）

最終税率の上昇とは、二〇代三〇代の後続世代にとって、消費税負担がさらに上がり、高率な税制のなかでの生活を余儀なくされることを意味する。現安倍首相による参院選前の消費増税の先送りは、後続世代への負担増を選ぶことで、議席確保へと走ったといっても、決して言いすぎではないだろう。そして小黒氏は、最終税率がどれくらい必要となるか、公的に試算して国民に伝えるべきだとも述べているが、まったくその通りだと筆者にも思える。先送りされる後続世代の判断を仰ぐべきはずだったのに、それは全くなされていない。

政府が国民に示すべき選択肢は、「高福祉・高負担」「低福祉・低負担」「中福祉・中負担」この三つであるといい、それぞれの選択の中で歳出削減をどう考えるか、小黒氏は具体的な数値を示しながら解き明かしているが、議論が専門的になるために省略したい。

ここでのポイントは、**消費増税の実施と社会保障費の削**

減は、財政の安定化のためには避けられないこと。社会保障費の削減とは言っても、医療など生存に直結する分野の基盤を崩壊させては元も子もないわけだから、バランスをどう取りながら、財政健全化を進めていくか。これがそうとう難しいが、政府の強いリーダーシップのもとで、それは実行されなければならない、というのが小黒氏の論である。

「同一労働同一賃金」の意味

では、社会保障費の支え手となる後続世代の現状を見てみる。彼らにあって、その労働環境はどうなっているのだろうか。

こちらのテーマは、経済ジャーナリストの本間俊典氏による「同一労働同一賃金　『指針』策定へ」というエッセイを参照しながら進めてみる（『健康保険』二〇一六年四月号）。

少し前から「同一労働同一賃金」という言葉を新聞雑誌で眼にするようになった。これは「雇用形態や年齢に関係なく、同じ内容の仕事には同じ賃金を支払うという原則」（本間・以下同）であり、それは分かるのだが、これを打ち出してきたのが現政権であり、この「同一労働同一賃金」を、「一億総活躍社会」の若者雇用の〝柱〟として打ち出してきた、というわけである。

ところが、本間氏によれば数多くのことがネックになっているという。そのひとつが「日本独自の雇用慣行に基づく賃金体系」。要するに、初任給から始まり、年次ごとに賃金がアップし、役職に就いて手当をもらい、やがて下降線に入り、退職とともに退職金を得ていくという、終身雇用と年功序列の給与体系。これが基本的な、会社の賃金体系だという。

こうした給与体系が保障されているからこそ、正規社員には重い責任が生じ、出張、単身赴任など、さまざまな会社命令にしたがう義務も生じることになる。一方、非正規社員は、右肩上がりの賃金体系とは異なっている。働き方もフルタイムではなく、比較的自由。福利厚生でも差がある。だから責任も軽い。

正規社員とこうした非正規社員とのあいだで、「同一労働」として比較は可能なのか。**なにをもって「同一労働」というのか**。また「賃金」も、手当やボーナスが含まれる正規社員と、そうした特別給与はなく、右肩あがりにもなっていない非正規社員と、同様に考えることができるのか。それは妥当なのか。——本間氏はこのように指摘する。

さらに、**正社員は長時間労働で疲れ切っているし、非正規社員は低賃金にあえいでおり**、この両者の組み合わせで会社業務は進められるが、じつはこの組み合わせは生産効率がきわめて悪い、と本間氏は述べる。

いま〝ブラックバイト〟やら、給料未払いやら、非正規にもならない（なれない）「個人請負業務」（七月二一日、NHKクローズアップ現代「消費される若者たち～格差社会の新たな現実」）の二〇代が増えているというし、雇用形態と現状の過酷さ（ブラック化）が、どんどん〝進化〟している。

非正規社員の賃金は、正規社員の五七・一％にすぎないし（フルタイム男性・二〇三一円、フルタイム女性・一四九四円、パートタイム男性・一一三三円、パートタイム女性・一〇三二円。（以上は東京新聞一六年六月五日）、労働環境の悪化は、筆者などの想像をはるかに超えているに違いない。

こんな雇用環境ではモチベーションは上がらないだろうことは眼に見えている。それを維持するためには、搾取されつくすまで働かなくてはいけない。そして筆者にどうしても納得し難いのは、モチベーションが上がらない労働環境を、他ならない企業自身がつくり出していることである。要は、最初から〝使い捨て〟要員としか見ていないことである。

しかし繰り返すが、こうした若年の層が、いまも、そしてこれからも、社会保障の担い手になっていくのであり、それならばせめてやりがいのある雇用環境を整えるのが、先行世代の務めではないかと筆者には思える。

非正規社員が社会保障を担えるのか？

さらに驚いたのが、本間氏の次の記述だった。

「このように、『同一労働同一賃金』の実現は、問題が賃金だけでなく雇用慣行全般に及ぶため、経団連などの財界は『慎重な検討を』とけん制している。これに対して、連合などの労働組合は基本的に賛成しているものの、それは非正規の待遇を正規に近づける限りの条件付き賛成であり、その逆になれば反対に転じることが目に見えている」

非正規雇用が四割に近づいたと報じられたばかりだが、本間氏の指摘を信頼する限り、雇用環境は、残念ながら、いい方向に向かう兆しは全くみえない。経営者側（経団連）に、悪化した労働条件を改善しようという意図は、まるでないということがよく分かるし、労働組合も、非正規社員に対しては、全面支援しているわけではなさそうなのである。

本間氏が書いていたように、いったん非正規に入ると「生涯非正規」を余儀なくされるとすれば、こうした人々が、たとえば一〇年後、三〇％近い消費税の中で生活を維持していかなければならない。それは果たして可能なのか。さらには結婚、出産、育児という生活を望んだとき、どこまではたされるのか。少子化の改善など、夢のまた夢だろう。

後続世代・現役世代をこのような労働環境、生活環境に置きざりにしたまま、膨大な社会保障費用を負担してもらう。後続世代をこのように遇するということは、自分たちで自分たちの首を締めているのではないか。

具体的な処方箋ももたないのに、シロウトながら偉そうなことを述べているが、ため息とともに、そんなことを考えている。

第3章

認知症高齢者を「被害」から守る
——大牟田市の取り組みから

1　ソーシャルワーカー（大牟田市白川病院）猿渡進平氏に聞く

無断外出を見守る「模擬訓練」と生活支援

こうすれば認知症の人でも地域で暮らせる！

「大牟田市ほっと安心ネットワーク模擬訓練」が始まるまで

二〇一六年三月、厚生労働省に出向中の猿渡進平氏に、大牟田市の取り組みについて話を伺った。猿渡氏は、二〇〇二年、大牟田市白川病院のソーシャルワーカーとして配属され、白川病院では患者の退院調整が主な仕事になった。

当時、大牟田市民には高齢者の地域生活を支えていこうと考える人は少なく、家族からも、施設に入れてほしい、もっと長く病院においてほしい、という声が過半を占めていた。白川病院は二一八床中、医療・介護合わせて一五八床の療養病床を持つ病院だった。

近隣の急性期病院や、リハビリ病院、在宅で暮らす高齢者の担当ケアマネジャーからは、入院させてほしいという要望が毎日のように寄せられていた。しかしベッドは空かない。入院患者の平均年齢は八五・七歳。次のようなケースは珍しくなかった。

患者Aさん。

長年独居での暮らしだったが、転倒して骨折。救急病院で手術し、その後リハビリテーション病院へ。遠方に住む家族は、自分たちの住居に近い施設への入居を希望しているが、空床がないために入居は不可能。Aさん自身は、夫にお線香を上げるのが生きがい、五〇年住んだ自宅に帰りたいというのが願いだったが、これが難しかった。そこで、とりあえず療養型の病院へ、ということで白川病院に入院してきた。

「私たちが退院する時にまず考えるのは、患者本人にADLなどの力がどれくらいあるかということですが、Aさんの場合、それが十分ではなかった。では家族はどこまで介護できるのか。仕事をしているし、遠方で支援ができないからという理由で、家族がAさんを受け入れるのは難しい。介護保険や医療保険サービスを使ったとしても、二四時間三六五日、安心して生活できる環境の整備は、自宅ではかなり厳しかった。私たちも、やむなく、施設に入っていただくほかないかなと思っていました」

本人が強く帰宅を望んでも戻れない、という事態はこれまでも続いていた。近隣の人に見守りをしてもらうなど、**地域に支える力があれば在宅生活は可能になる**。

「地域の皆さんに、こんな人がいるのですが、見守りをしてもらえませんか、という話をしたこともあるのですが、そもそも自分が介護認定を受けるような状態で、どうして他人の見守りまでしなければいけないのか、とある民生委員さんにいわれたりしました。たしかに民生委員はなり手がいない状況だし、自治会の加入率も三〇パーセントくらいの低さ。なかなか地域の力に期待することは、難しかったです」

＊取材当時、大牟田市では「徘徊模擬訓練」と称していたが、連載の途中から「大牟田市ほっと安心ネットワーク模擬訓練」と改称された。本稿では基本的に、「模擬訓練」と統一した。

模擬訓練の始まり

大牟田市では、以前から認知症についての取り組みはおこなわれており、**〇四年から「徘徊SOSネットワーク模擬訓練」を始めていた**。参加者の誰かが認知症役になり、町を歩き、住民に声をかけてもらう。そのような訓練だった。

目的は三つ。認知症に対する理解を図り、地域のなかで支えていこうという意識啓発。道に迷って困っている高齢者がいるとき、隣近所や地域ぐるみで見守り、いなくなったときには電話やファクスを流して早期発見できる仕組みをつくること。三つ目。「安心して徘徊できる町を目指していく」という目標の実現。

〇四年から〇五、〇六年と、モデル的に一つの校区で実施していた。しかし認知症の人は校区だけで生活しているわけではない。いろいろなところに出かけて行く。そこで大牟田市行政の呼びかけで、全域で実施していこうという

猿渡進平氏

ことになり、〇七年から全市で取り組んできた。

まず、校区を単位として実行委員会をつくった。民生委員・児童委員協議会、公民館連絡協議会、社会福祉協議会、医療機関、介護事業所、地域包括支援センター、大牟田市行政職員がメンバーとなった（校区によってメンバーは異同がある）。

「〇七年、私が勤務していた白川病院は、白川学校区に該当するところでした。そこでも『徘徊模擬訓練ｉｎしらかわ』を実施することになったのですが、目的が達成できれば、白川病院の患者さんも自宅に帰れるのではないか。地域の方と知り合い、支援体制を構築できれば、認知症の方が地域で生活できるのではないか。そう考えて、白川病院が事務局になって取り組みました」

ところが、当日集まった参加者は校区七五〇〇人中九名だけ。認知症役の人が二時間歩いても、声かけは一件しかなかった。

「そのとき地域の人に、こんなことをいわれました。『そもそも徘徊する人を、なぜ地域のなかで見守らないといけんのか。施設に入れればいいではないか』。私と行政職員は、こんなに難しいものかと、ため息をつきました」

そこで、さきほどの実行委員のメンバーと一緒に、地域の実情をもっと知ることや、自分たちの町は自分たちで守ろう、という呼びかけとともに、さまざまなシンポジウムやセミナーを開いていった。

「介護保険はこういう仕組みになっていますよ、という話を地域住民にしていきました。最初は笑いながら『自分たちも歳をとったら、施設に入らないといかんもんね』と言っていた方たちが、少しずつ『できれば自宅で生活をしたい。地域の中に支え合いができれば、自宅で生活ができるのではないか』。**他人ごとが、少しずつ自分のことに**なっていきました」

こうした取り組みを応援してくれる仲間をどうつくっていくか。事業がしっかりと成り立つように、猿渡氏や病院のスタッフが、事務作業やチラシ配りなどの裏方を引き受けていたのだが、やがて多くの参加者が集まってくれるようになった。

自治会や民生委員の人たちも、面白い事業ができるのであれば、みんなで一緒にやっていこう、ということで意見がまとまり、〇九年、「**白川ふれあいの会**」が任意団体として創設された。

より深い地域のつながりを目指す「訓練」

模擬訓練は一年に一回実施されている。〇八年の一一月の第二回では、なんと一〇倍にあたる八七名が参加。六人が認知症役になり、二時間歩いて三五件の声かけがあった。ただし地域住民からの自発的な声かけは一一件に留まった。

そこで「地域ふれあいフォーラム」を開催し、認知症の人にどう声かけをすればよいのか、話し合いをもつことにした。認知症の人を地域で支えようという点では共通理解が見られたが、しかしその先に課題があった。

「見ず知らずの他人に対し、突然、あなたを支援しますからというのでは、言う方にも言われる方にも抵抗があります。その前に、まずお互いを知り合わないといけない。近所に住む実行委員さんを中心に、歩いていける距離にサロンをつくろう。そして認知症であることを公言できるような関係づくりをしていこう。そんな話をしていったのです」

しかし、認知症の人以外にも、地域のなかで困っている人はたくさんいる。子どもたちの、放課後の居場所はあるのか。障害をもつ人たちはどうか。おそらく多くのニーズがある。サロン開設のためにはおおぜいの担い手が必要になる。

「そこで、地域の困りごとを調査してみようということになりました。そして支えることのできる人の募集作業も行ない、白川校区全住民の七四〇〇人にヒアリングをかけていったのです」

身近な生活支援として、話し相手がほしい、外出の付き添い、家のまわりの掃除、家電の取り付けをしてほしいなどの要望が出された。地域の支援としては、サロンがほしい、公園の緑化、子どもの見守りなどさまざまなニーズが出てきた。一方、ボランティア募集には、一一九名の人たちが手を挙げてくれた。

これまで、模擬訓練を実施しては話し合いをして次回に向けてきたが、〇九年度に実施したところ、二四〇名の参加者があった（二〇名が認知症役）。声かけは三六一件、うち住民からの自発的な声かけは、二〇二件に上った。

認知症役を二〇名としたことには、じつは理由があった。これまで認知症役は民生委員が担当してきた。民生委員は地域の顔だから、担当となった人は、自分は声をかけられるだろうと思っていたのだが、挨拶もなく通り過ぎられてしまったり、忙しいからと断られたりした。

「民生委員さんはショックを受けていたのですが、ただ、認知症役をすることで、地域でどれくらいの人が声をかけてくれるのか、身をもって知ることができたといいます。声のかけ方を学ぶ点についても、認知症役をやってみることでよく分かる。だから多くの人に経験してもらったらどうか」

こうした意見を受け、認知症役を六人から二〇人に増やした。

なるほど。**「模擬訓練」の趣旨**が、筆者にもやっと納得できた。正直、実効性がどこまであるのか疑わしい形だけの訓練にならないかと思っていた。認知症に限らず、困っている人を見たとき、とっさに声かけができる人は多くはない。一度でも経験があれば「なにかお手伝いできることがあればしますよ」と、気負わずに話しかけることができる。慣れの問題が大きいのだ。**話しかけることに慣れてもらおう**。そのような趣旨だったことが、理解されたのである。

原点は「家に帰りたい」という本人の気持ち

サロンを開設するためには経済的負担が生じる。ボランティア保険などの開催費をどうねん出するか。その契約主体はだれか。個人か任意団体か。この三つの課題を解決するために、NPO法人を立ち上げようということになった。

法人化は、社会的な信用の獲得につながる。自主財源になることでメンバーの連帯感が強まる。さらに組織に継続性が出るし、メンバーには自主性が生じる。こうして「**NPO法人しらかわの会**」の立ち上げとなった。

（現在、基本的には全員がボランティアであるために、人件費はかからず、サロンの場所も小学校の空き教室などを使っているため、やはり費用がかからないということで、寄付金だけで運営しているという）。

また模擬訓練は、その後、表のような推移を見せた。

現在の模擬訓練では、認知症役一名、サポーター三名で五〇のグループに分かれ、交代で認知症役を担当する。近年、街を人が歩いていないという過疎化の問題が出てきており、サポーターが家を訪ね、「これから認知症役の人が来るので、対応してもらえませんか」と伝えて、訓練をしている。どうしてわざわざそういう方法を採るのかといえば、啓発活動が大事だからであるという。

徘徊模擬訓練 in しらかわ　実施結果

	2007年度	2008年度	2009年度	2010年度	2011年度	2012年度	2013年度	2014年度
認知症役	1人	6人	20人	26人	26人	26人	26人	26人
参加者	9人	87人	240人	165人	167人	162人	185人	232人
声かけ	1件	35件	361件	247件	268件	317件	299件	492件

猿渡氏提供資料より

「五〇グループかける四人体制で、毎年二〇〇名が認知症役を経験することになっています。もうすっかりお祭りのようなイベントになっていて、県外からも視察に来る人がいたり、子どもから高齢者まで参加しています。中学生も自分たちでポスターを書いてくれたりしますし、子どもたちが認知症のおばあちゃんを保護したとか、警察に連れていってくれたりとか、そんなことも出てきています」

猿渡氏によれば、**模擬訓練をきっかけとして**、認知症の人が地域住民と話し合う機会が生まれ、地域との隔たりがなくなったという。

「我々としては、はじめから地域づくりにこだわっていたわけではなくて、一人の患者さんの、家に帰りたいという願いを地域住民と一緒にどう支援するか。それが自分たちの原点だし、目標なのだと思っています」

どうしてここまで続いたのでしょうか、という筆者の問いに、楽しかったからです、楽しくやらないと続かない、という言葉が返ってきたことが印象深く残った。

日常生活を支援するために

ここまで、認知症高齢者の行方不明を守るための対応策として、地区を上げて、声かけ模擬訓練に取り組んでいるという報告をしてきた。

なぜこの取り組みに尽力してきたかと言えば、白川病院から退院する患者を増やしたい、できるだけ長く地域で暮らしてほしい。病院のソーシャルワーカーである猿渡進平氏はじめ、病院スタッフがそう考えたことによる。

地域にも課題があった。認知症高齢者の支援を目的とする「地域ふれあいフォーラムinしらかわ」を何回か開いてきたが、人とのふれあいが少ないということが絶えず話題になった。認知症高齢者や、要介護で生活支援の必要な高齢者にとって、声かけ、見守り、ちょっとした手伝い、日中の居場所などがあれば、もっと地域で生活できる人が増えるということは、フォーラムの際にも確認されていた。

その対応策の一つが、認知症高齢者を地域で見守るための声かけ模擬訓練だった。そしてもう一つが、「日常生活支援事業」の定着だった。その活動母体となったのが、「NPO法人しらかわの会」の前身となる「白川ふれあいの会」だった。メンバーは民生委員、福祉委員（社会福祉協議会）、町内会の議員、白川ふれあいの会役員（猿渡氏など病院スタッフも含む）、といった人たちが中心となっていた。

会の設立後、最初におこなったことは、**全地域住民七四〇〇人に対する困りごとの調査**だった。それを経てNPO法人しらかわの会の立ち上げに至るが、地域におけるさまざまな実態が明らかになった。猿渡氏は次のようにいう。

「地域の人から事務局に相談があると、近くの家に住むボランティアの人と一緒に会員が行き、支援する体制をつくりました。相談内容は、たとえば『昔は、この近辺で買い物ができたんだけれども、店が潰れてしまった。シャッター通りになって、買い物ができない』といったものだったりしますが、そうした声に一つ一つ対応してきました」

商店街も昔の活気を失っていた。店も困っている。そこで猿渡氏たちスタッフは出張商店街をやろうと考えた。

「空き家を使ったサロンをつくり、いまどんどん増えて八、九カ所くらいになっていますが、サロンで出張商店街をやることにしました。物が売れない商店にとってもいい機会になる。商店街の人たちも協力してくれるようになり、認知症サポーターの加盟店マップを作ってくれました。サロンを通して自然に助け合い、支え合い、顔見知りが増えていくのが一番いい支援ですが、ただし、サロンにも難しい面はあります」

それは人間関係であり、あの人が来ているなら私はいかない、といった話になりかねないことだった。サロンにこだわらず、どんなかたちにせよ人と人とが出会えるきっかけが必要なのではないか。猿渡氏はそのようにいう。

さまざまなケースから

地域の実情を知るにつれ、高齢者の抱えるさまざまな問題が明らかになり、それが解決に向かうようになった。具体的なケースを拾いあげてみる。

九〇代女性のAさん。

パーキンソン病をわずらっていた。家族は、退院後は施設入所と決めていたが、本人は自宅に帰るのが願いだった。認知症もあり、要介護2。家での生活は難しいという現状は、スタッフが見てもすぐに理解された。退院支援の話し合いに参加したのは病院の看護師、ソーシャルワーカー、理学療法士、在宅ケアマネジャー、家族。そこにNPOのスタッフたちも入るようになった。

話し合うなかで、朝と夕方だけは近隣の人が様子を見ながら窓をあけにくるなど、支える側にも負担のないかたちでの見守り体制をつくることにした。地域の人たちも、本人とできるだけ時間を共有するようにしたいと言ってくれた。

介護保険サービス事業所も、何かあったらすぐに対応するという。こうして役割分担ができあがった。家族も「そこまで皆さんがしてくれるんだったら大丈夫です。本人も家に帰りたがっているから」ということで、女性も家に帰ることができた。

また、次のようなケース。

認知症の高齢者Bさん。八〇歳代。

生活保護を受給していた。近くに長女が住んでいるが、長女はBさんの年金手帳を取り上げてしまい、経済的虐待、介護放棄（ネグレクト）といった状態になった。頼れる知人はいなかった。Aさんは外を「徘徊」するようになり、歩いているさなかに転倒し、骨折。白川病院に入院となった。

知的障害をもつ高齢者Cさん。八〇歳代。息子も知的障害のため、数年前から施設入所をしていた。Cさんは年金をもらっていたが、年金を担保とした借金があり、毎月返済しなくてはならなかった。知人の女性に預金を引き出してもらい、返済してもらったり、そのお金で買い物をするなどの支援をしていたが、謝礼として女性にお金を支払わなくてはならなかった。

Cさんは十分な食事が摂れておらず、白川病院に入院。栄養状態が改善して退院許可が下りると、Cさんは自宅での生活に戻ることを希望していた。しかし家屋が老朽化していること、周囲からの虐待行為やネグレクトが懸念されること、金銭管理の問題など、いくつかのハードルがあった。

Cさんの自宅のそばに賃貸アパートがある。猿渡氏たちがオーナーに入居の依頼をすると、「部屋代がきちんと入ってくるのか。何かあったときに、そちらで対応できるのか」と問われた。「対応する。NPOと協力しながら、金銭管理など日常的な見守りをする」と答えると、オーナーも納得した。

BさんとCさんに、一人で暮らすよりも二人のほうがいいのではないか、と提案してみた。すると、施設に入るよりも自宅の近くで生活したい、二人のほうがいいということになり、退院後は同じアパートで暮らすことになった。

このケースでは、住居の提供や生活支援とともに、コミュニティ（BさんとCさんの互助）というケアも提供されている。

役割分担すれば認知症の人でも地域で暮らせる

こうした例から見るように、退院のあと生活支援がどこまで可能かが課題だった。

「コミュニティリビングといいますか、空き家を借り、日常的に集まれるサロンを作り、そこを拠点にして退院支援を行ないました。BさんとCさんの例のように、アパートを借りたり、空き家を借りたりしてそこに生活支援をつけ、住宅の提供と要介護者の生活を支援するようにしました」

他にも認知症の人が地域で一人暮らしをしていれば、事業所の職員、医療者、地域の人たちが集まり、本人の生活がこれまでどんなものであったかを話し合いながら支援につなげていった。

「たとえば認知症の人は、一人で外出して道に迷ったりします。どうして一人で出歩いてしまうのか。北のほうに行けば、昔、いつも足を運んでいたお店があったからではないか。夕方になってから出歩くのは、昔小さかった息子さんを心配したことを思い出しているのではないか。こんなふうに、この方の気持ちを踏まえながら支援をしていこう、ということになりました。

この方は亡くなるのですが、そのときには医療機関が支えてくれました。何かあったときには介護施設がバックアップしくれましたし、私たちは、本人らしい地域での生活を支援しようとしてきました。役割分担すれば、認知症の方でも地域での暮らしができるのです」

それまでは、認知症による外出があれば、すぐに施設に入ったほうがいいということになった。しかし地域で支えれば自宅でも暮らせるという共通理解が生まれ、一つの事例をもとに、全員で話し合っていけるようになった。

「私たちがその人に何ができるのか、住民目線で考えるようにしました。NPO法人しらかわの会が取り組んだから、ということだけではないとは思うのですが、平成一八年には二〇数名しか自宅やアパートに帰れなかった。ところが年々在宅復帰率があがっていき、**いまでは三割以上の方が在宅で生活できるようになっています**。

職員の意識も、この患者さんは自宅に帰れるというように、だいぶ変わっていったと思います。以前は、自宅なんかに帰れないと思いこんでいたのですが、地域の方々の協力を得ながら家に帰っていく事例が積み上げられ、そこから意識の変化につながっていったのだと思います」

今後の課題として——空き家活用と生活支援

地域において多くの人による協力と協働が可能になり、それにつれて地域も元気を取り戻していった。では、次の課題はどんなことだろうか。

筆者が訊ねると、専門職の連携をさらに強め、多様性と高い専門性をもつニーズにも応えられるようになることだ、という趣旨の答えが返ってきた。猿渡氏は以前、地域包括支援センターで勤務していたが、そのとき、大牟田ライフサポートセンターというNPO法人を作った。

「どうしてかというと、**住民の生活は、地域包括支援センターだけでは、なかなか支え切れない**からです。高齢、障害、どちらの方にも、さまざまな契約や制度などをめぐる法律その他、専門性を要する問題がある。そこで弁護士、司法書士、社会労務士、建築士、不動産仲介業、といった専門職と連携し、総合相談支援センターのような窓口を作る必要を感じたのです」

たとえば高齢で家族がおらず、認知症や障害をもつ人が、自宅に帰りたいという希望を伝えてくる。アパート契約をしたいが、成年後見人では連帯保証人にはなれない。空き家をうまく使い、そこを自宅として生活ができる仕組みを作るにはどうするか。身元引受人が必要になる。

身元引受事業をやる事業体を作り、その事業体をライフサポートセンターが担う。自宅に戻る際には住まいを整えたい、という希望があれば、法人には不動産仲介業者や建築士がいるから、どんな制度を使って、どんな住まいが提供できるか、どう空き家活用ができるかなど、その具体的方策が可能になる。「とりあえず自宅に戻る」という目標から、困難ケースへの対応や、さらにハイレベルな質をもつサービスの提供へ。これが、猿渡氏の次なる課題の一つだった。

もう一つは広報活動。住民への啓発活動と情報の周知。現在、集会やイベント、模擬訓練への参加呼び掛けなどは、市の広報紙を使ったり、校区単位で回覧板を回したり、企業にも回って声をかけたりしておこなっている。しかし口コミが一番だと猿渡氏は言う。

「子どもたちは、『認知症』とか『徘徊』とかあまり分かっていなくて、困っているおばあちゃんがいるから、声かけ大会がある、探しに行こう、見つけた、おばあちゃんどこへ行くんですか。実際の場面で、不安のなかで歩いているときに、子どもたちが来てくれて、こっちこっち、と手を握ってくれ、連れていってくれる。これはおばあちゃんにも、子どもたちにとっても、すごくうれしいことでしょう。子どもたちが関心を持ってくれれば、家族にもそれは届きますからね」

だから小学生や中学生にもっと参加を呼びかけたいと考え、学校にチラシを持っていき、配布をお願いしている。最初はハードルが高かったのだが、近年は反応が違ってきたという。

「最近は、学校もチラシを置いてくれるようになり、家庭に配布してくれます。中学生はポスターを作って協力してくれるようになりました。継続することが大事ですね。でも学校に対する働きかけは、ぼくではなく、住民の方です。公教育ですから、民間の一医療機関では、なかなか窓口を開けてもらえないのは普通ですが、自治会の会長や民生委員の会長などであれば、これは公の事業であり、住民が来ているのだから、と学校側も容易に受け入れてくれます。いろいろな人たちのおかげです」

スタッフはもちろん、住民も、認知症になっても地域で生活ができるという自信をもつようになっている。多くの事例が積み上げられ、一人一人への対応について共通の話し合いができるようになり、どうすればよいかが見えるようになってきたからだ、生活支援も積み上がってきた、と猿渡氏はいう。さらに、他の場所での先行例をモデルにしてやってきたのでもない、ともいう。

「必要なことを必要に応じてやってきたら、こんな形になったのです。住民の声や、患者さんの声を一つずつ聞き、それに応えようとしてきたのであり、答えはご本人たちが持っているのですね。これからの病院の運営を考えていくうえでも、住民の生活を切り離し、うちは医療だけしか提供しませんと言っても、もう患者さんを支えることは難しいでしょう。**医療・介護・生活支援・住まいなどが一体になっていかないと、これからの支援はできないだろうと思います**」

地域住民や多くの職種と協働しながら、高齢者の在宅生活を支えていく仕組みと人づくり。それは地域の活性化をも促す、という好例だと思われた。

2　大牟田市保健福祉部池田武俊氏に聞きながら

「認知症ケア」はどう始められていったか

「ケア」をキーワードに市行政も動く

猿渡進平氏への取材の後、筆者は大牟田市に足を運んでみた。地域の実情をさらに知りたかったからである。

白川病院のソーシャルワーカーとして猿渡氏と一緒に活動をしていた柿山泰彦氏、竹下一樹氏（現在は大牟田市中央地区地域包括支援センター）、そして行政の立場から大牟田市全般の高齢者ケアに長く関わってきた池田武俊氏にお会いし、お話を伺うことができた。

大牟田市の歩みについて、まずは池田氏の談話を中心に報告させていただく。

大牟田市の認知症ケアの取り組み

ご存知のように大牟田市は三池炭鉱とともに発展し、日本の近代化を支えてきた炭鉱の街である。その炭鉱の衰退とともに人口減と高齢化は止まらないが、**現在は「認知症ケア」をキーワードに市の再生に取り組んでいる。**

大牟田市における認知症高齢者への取り組みは早く、介護保険制度が開始される前年、すでに二〇〇〇（平成一二）年から始まっていた。大牟田市介護サービス事業者協議会を設立させたことが発端だった。協議会は大牟田市内の介護事業者の集まりだったが、大牟田市役所の強い呼びかけがあった。

当時、施設運営基準のなかに「身体拘束禁止」の項目がもりこまれており、そのことが現場を苦慮させていた。拘束を受けている入居者の多くが、重篤な認知症の高齢者である。しかし、一五年前、スタッフはどうすれば認知症患者の〝問題行動〟を抑制しなくてすむか、具体的にどんな対応をすればよいのか、その方法をまだもっていなかった。

「これまで措置制度だった高齢者福祉が、介護保険制度のスタートによって、四〇歳以上の市民の保険料を財源とし、要介護認定を受けた高齢者が自らサービスを選択していくという仕組みに変わりました。

市民にとっては、自分たちが支払っている保険料が本当に安心でき、質の高いサービス費用として使われていかなければ、介護保険制度の持続は難しくなる。そのためには一つの事業所だけではなく、全体としてそのサービスをレベルアップさせていく必要があるわけです。行政はそのバックアップが責務であるという思いから、協議会の立ち上げを呼び掛けたのです」

そして二〇〇一（平成一三）年一一月、介護保険の始まりから少し遅れ、**協議会に認知症ケア研究会を発足させる**。このとき、グループホームの開設準備をしていた大谷るみ子氏が、デンマークの認知症コーディネーターを三カ月間招き、自身の法人で研修をおこなっていた。一事業所だけの研修ではもったいないと、市内全体の現場職員に声をかけたことが、研究会のきっかけだった。

池田氏も、介護サービス事業者協議会で、市内の介護現場の人たちの認知症研究会を組織できないかと考えていたという。そこで、大谷氏を通じて市内の各事業所のスタッフに声をかけてスタートしたのが、認知症ケア研究会だった（この研究会は、現在も大牟田市認知症ライフサポート研究会と名称を変え、継続されている）。

認知症コーディネーターの養成と地域啓発

こうして大牟田市は、認知症への取り組みをスタートさせていくことになるが、真っ先におこなったのが、認知症介護についての実態調査だった。

市内全域の住民、介護現場や病院の職員、本人、家族にアンケート調査をおこなったところ、さまざまな意見が寄せられ、認知症にたいする関心の高さがうかがわれた。たとえば向こう三軒両隣、隣組、小学校区単位のネットワークの構築といった地域福祉に関する内容があった。公民館や民生委員の復活など、地域資源の活用に関する内容があった。

「**認知症を隠さず、恥じず、見守り、支える、地域全体の意識の向上**」といった基本的な考え方に関する声も寄せられていた。なかには、「子どものときから学ぶ、触れる機会をつくる」「介護家族への支援」というように、時代を先取りした内容も見られ、大牟田市では、その一つ一つを事業として取り組んできた。

なかでも最初の取り組みの柱としたのが、認知症コーディネーターの育成だった。認知症の専門職はまだ全国的にも珍しく、施設や病院、介護事業所だけではなく、やがては急性期病院などにも専門職は必要になる。そこで現場の職員を対象に、認知症コーディネーター養成研修として二年間の研修期間を設けた（この「認知症コーディネーター」は、市の認定する、より専門性の高い資格となっていくが、この点については後述する）。

もう一つの取り組みの柱は、地域の啓発だった。地域ぐるみで認知症支援を目ざすのであれば、地域の人に、認知症について知ってもらわなくてはならない。そこで二〇〇三（平成一五）年一〇月から取り組み始めたのが、**「はやめ南人情ネットワーク　日曜茶話会」**だった。メンバーは民生委員、老人クラブの会員、校区の社会福祉協議会の職員など。その他にも小学校中学校のＰＴＡ、タクシー会社や街の企業と、幅広いメンバーに呼びかけていた。

茶話会では、認知症高齢者が行方不明になって亡くなる人がいる、という話題が出された。地域のなかで困ったり孤立したりしているのは認知症高齢者だけではなく、核家族の子どもや親たちもそうであり、かつてのつながりが薄れたことで、色々な人が孤立している。孤立を防ぐために、みんながつながっていくような仕組みづくりが必要である。

こうした話し合いが、行方不明になった認知症高齢者を捜索する模擬訓練へとつながっていった。前述したように、現在「大牟田市ほっと・安心ネットワーク模擬訓練」と名称を変えて継続されているが、この模擬訓練は地域のつながりをつくり、ネットワークを広げる役割をはたしてきた。

茶話会でさらに話題に上ったのが、啓発活動は大人を対象とするだけではなく、子どもたちにも参加してもらいたい、子どもと親が語りあっていくなかで、認知症への理解を深めていくことになるのではないか、という声だった。そこでスタッフたちは絵本を作り、出前教室というかたちで小中学校に出かけて行き、子どもたちとグループワークをするようになった。平成一六年のことだった。

公的な「認知症コーディネーター」の養成

池田氏は続ける。

「医療と介護の連携は、最初から重要だと思っていました。当時、私は介護保険の窓口を担当していたのですが、ケアマネさんや家族から一番相談を受けるのは、行動障害の著しいとき、どう対応すればよいかというものでした。そして決まって、いいお医者さんを紹介してもらえませんか、と言われるのです。しかし十分には応えられませんでした。

私も早く医師とつながりたかったのですが、当時、認知症の専門ドクターにはなかなか巡り会えなかったのです。そこで二〇〇四（平成一六）年末から、認知症に関心をもっておられた医師らとグループワークを行ないながら、医師会とタイアップして『かかりつけ医対応力向上研修』といったモデル事業をおこなってきたのです」

現在、八〇名ほどの物忘れ相談医が、研修を修了している。さらに二〇〇六（平成一八）年には「物忘れ相談予防検診」をスタートさせた。

特筆すべきは、「**地域認知症サポートチーム**」を立ち上げたことだった。メンバーは認知症サポート医七名、認知症コーディネーター六名の、一三名のスタッフからなる。激しい行動障害が現れた認知症患者への対応、家族の悩みへの相談や具体的対応などが、緊急の課題として求められていた。

まずは二年間、四〇八時間の認知症コーディネーター養成研修を受講する。これは、地域包括支援センターや小規模多機能型居宅介護事業所の管理者にとっては必須となる（現在、一〇四名が修了している）。

池田氏は言う。

「研修を受けただけでは、あくまでも『事業所内で実践』するにとどまり、『認知症コーディネーター』の名称は使えません。我われが目ざす『認知症コーディネーター』は、公的な役割を担うものと考えており、認知症サポートチームが行なっている支援困難事例への介入・助言（在宅／施設）、かかりつけ医や認知症医療センターとの連携、市民後見人の活動の支援、といった地域全体に関わる役割を担うことになります。地域づくりへの参加も求められます」

養成研修の修了後、「認知症コーディネーター」へとステップアップするためには、さらにフォローアップ研修を受け、定例カンファレンスへの参加や、運営委員といった経験の蓄積が求められる。これを経て「認知症コーディネーター」となる。「認知症何でも相談」への対応、物忘れ予防・相談検診や予防教室への従事、本人交流会／家族交流会のコーディネート、といった公的な役割を担う。

「これだけのことに関わって初めて、『認知症コーディネーター』という名前が使えます。専門的な知識を持って

大牟田市役所

いることはもちろん、ケアの技術も持ち合わせている必要があるのです。当然無給ではなく、委託料として時給一〇〇〇円で月五〇時間程度の金額を、事業所に支払っています。ただ、時給一〇〇〇円ではあまりにも申し訳なさすぎるので、早々に見直していかないと、これだけの仕事を担ってくれる人は現れないだろうと思っているところです」

要介護になっても自宅や地域に留まる

もう一つの柱があった。前述したように、大牟田市は「認知症ケア」をキーワードに街づくりをつづけてきた。その基盤をなしているのは、**小規模多機能型居宅介護事業所をはじめとする地域密着型サービス**である。

「ここに介護予防拠点・地域交流施設を併設し、このなかでさまざまな地域活動や、検診、認知症予防といった取り組みが行なわれています。白川病院にも、付近一帯に地域交流の施設と、認知症専用のデイや小規模多機能型居宅介護、グループホームを併設させ、さらにはサービス付き高齢者住宅が整備されるなど、ケアタウンのような取り組みを展開していただいています。

こうした拠点を中心に、周りに暮らしているさまざまな方が、可能な限り住み続けられるような街づくりの拠点が、市内に数カ所できあがりつつあるというのが、いまの大牟田の現状です」

小規模多機能型居宅介護事業所は、現在、市内に二五カ所。池田氏はさらに数を増やしたいという。

「なぜこうしたスタイルを取るのか。私たち中高年世代もいまは地域で暮らしていますが、やがて衰え、要介護状態になったり、認知症を発症したりするかもしれません。そうなったとき、これまでは自宅や地域に留まることはできませんでした。最期まで地域で暮らしたいと願いながら、要介護認定を受けたとたん、つながりを断ち切られる。そして判で押したように施設や病院に入ったり、デイサービスに通ったりしなくてはならなくなる。しかし、要介護になっても地域の人たちとこれまで通りの交流を続けていきたいはずだし、そういう場を作る必要があるだろう。そう考えたのです」

地域とのつながり方は、それぞれのスタイルでいい。

自宅から小規模多機能型居宅介護事業所の通いの場を利用しながら、併設されている地域交流施設で定期的な交流ができる人。自宅に住めなくなり、特別養護老人ホームや療養型医療施設に入院したとしても、時々は出てきて地域のみんなと一緒に交流する、というスタイルがあっていい。そういう環境整備をしていけばいい、と池田氏は言う。

「地域密着型サービスは、ありがたいことに市町村指定になりました。**市行政が、こんな街づくりをこんなふうにやろう、というプランを練りながら最大限活用しています**」

3　大牟田市白川病院・柿山泰彦氏と中央地区地域包括センター・竹下一樹氏に聞く

認知症ケアと地域づくり

地域に根づき、住民に信頼されるまでのプロセス

地域住民の信頼を得るまで

次に、白川病院の柿山泰彦氏（ソーシャルワーカー）と中央地区地域包括支援センター・竹下一樹氏（精神保健福祉士）に、話を伺った。

大牟田市の白川病院は、いまでこそ退院支援とその後の生活支援に力を入れ、地域に根差した病院として受け入れられているが、「ほっと安心ネットワーク模擬訓練」を呼び掛けた当初、住民に簡単に受け入れられたわけではなかった。

すでに述べているが、白川病院は医療と介護の療養病床を多くもち、「入院したら、次に地域に戻るときは死亡したとき」と言われる病院だった。だから認知症の人を地域で支えたい、住民の方がたも協力してほしいと呼びかけても、患者集めかと勘繰られることもあった。信頼を得るには二、三年を要したという。

まず、猿渡新平氏が地域に入っていった。そして同じく柿山泰彦氏と竹下一樹氏がそれに続いた。日曜、休日を返上して自治会の集まりに顔を出し、道路の草取りや公園の掃除など、地域のイベントに参加した。地域住民と酒席をともにすることもあった。竹下氏はＭＳＷ（精神保健福祉士）として病院勤務になったのだけれど、最初の仕事は、小学校の体育館で地域の人との交流だった。

池田調整監は次のようにいう。

「**病院のスタッフが地域とつながり、地域と関わって一緒にイベント行なうという例は、全国にもないと思う**。レアケースでしょう。彼らの原点は、ソーシャルワーカーとし

て、入院している方々が家にもどった時に、今まで通りの暮らしが継続できるための支援、地域の皆さんとのつながりを取り戻していくための支援です。身体機能の回復だけではなく人間関係の回復もめざす。それこそリハビリテーションですよ。そのための環境を整えていくことを考えている」

柿山泰彦氏

柿山氏も次のように言う。最初は地域とのつながりはまったくなかった。病院から自宅に帰ってもらうために、まず自分たちが率先して動いた。

「一人暮らしの方が自宅に帰りたい、でも掃除してくれる人がいない、家族もいない、お金もないから業者に頼むことができない。そこで我々が家に行って一週間くらいかけて掃除をする。病院の生活を見ているだけでは、自宅での夜間の生活なんかは分からない。それを知るためにどうするか」

自分たちだけですべてをやっていくのは不可能だ、自己満足的にやってもしようがない、と考えるようになった。

「地域の方とつながることによって、これは一緒にできる、これもできるんじゃないかと教えられていった。それまで自分たちだけでやって、うまくいかなかったことが、いろいろな人たちとつながることによって、自宅に帰っていただくことが容易になったのです」

そのことを教えられたのは、取り組みを初めて三年経ったころだった。地域の人たちも、最初は〝やらされている〟と感じていたが、模擬訓練も会議も、いまでは校区の当たり前の年中行事として認識されている。

空き家を使ったサロン活動

大牟田市の取り組みの目玉になりつつあるのが、空き家を利用したサロンの運営だった。柿山氏も関わっている。

「サロンは、しらかわの会の取り組みのなかでも力を入れているものの一つです。空き家活用は今年の一月二四日にスタートして一年目ですが、住宅のなかにあるサロンで、今後、地域の方の活動拠点にしていきたいと考えています。住民にはまだ周知できていませんが、周辺には一人暮らしの高齢者が多い。

冬場になると、自宅では、お風呂が心配だ、倒れたらどうしようと、二、三人でチームを作って呼びかけ合い、入るときには携帯を握りしめて入ります。お風呂に不安を感じ、何かあったらチームの人に連絡するようにしているのですが、空き家を使ったサロンではお風呂も付いているので、互いに見守りながら入浴に来ていただいています」

一日の活動はとくに決めていない。柿山氏たちがあれをしたらどうか、これをしたらどうかとは言わないようにしているという。たとえばお昼御飯を一緒に作って食べるという取り組みをしたい、自分たちから目的意識を持って動いた方が継続性につながる、サロンをどう活用するか、住民自身が作り上げていくことが大事だ、そう考えている。

「サロン田崎」では、子どもたちにも立ち寄ってもらい、地域の人と子どもと高齢者をつなぐ場所にしたいと考え、月に一度、子ども向けのイベントを用意している。取材のときは一回目を行なったところで、空き家を使ったコンサートだった。五〇名ほど足を運んでくれて、中に入れないほどの盛況だった。

「一〇月にはハロウィンを企画しています。日本の風習ではないので高齢者にはピンとこないところもありますが、収穫祭ということで、子どもたちにお化けの格好をして集まってもらい、地域に出かけていって家を回り、お菓子をもらう。そういう企画です。

普段、サロンに来ない一人暮らしの方でも、子どもが訪問することで楽しんでもらえるんじゃないか。それをきっかけにサロンに出向いていただけるんじゃないか。子どもたちにも、家を回ることによって、ここにこんなおばあちゃんが住んでいると理解してもらい、次に会ったときには挨拶をしたり、会話のできる関係になる。そのきっかけづくりになるような企画です」

空き家の使用については、どんなシステムをとっているのだろうか。

大牟田市には**居住支援協議会**がある。構成メンバーは市の建築住宅課、社会福祉協議会、不動産仲介業者、有明高等工業専門学校、地域包括支援センター。**大牟田市内の空**

き家対策のために立ち上げた会である。

「昨年、私たちの法人の事業所で支援をしていた方が亡くなりました。ずっと一人暮らしをしていた方です。いま息子さんが登録していますが、自身は市内の別の所に住んでいて、本人が生前、自分が死んだらこの家を地域の人に使ってもらえないか、と言っていたのを覚えていました。そこで、しらかわの会に、空き家を使いませんかという話をいただいたのです」

一法人が個人と賃貸契約をするのは、万が一トラブルになったとき、なにか問題が生じるのではないか、ということで、居住支援協議会に入ってもらった。

竹下一樹氏

「市の社会福祉協議会と本人・息子さんが契約をしました。そこで社協からＮＰＯしらかわの会が借りて運営しているというかたちにしています。

介護保険のデイサービスのような収益の出ることをやっているわけではなく、基本的には無料で、食事代などは実費でいただき、運営にかかる光熱費、印刷費は、社協が歳末助け合いの募金のなかから補助を当てて運用しています。運営はしらかわの会、かぎの管理をしていただいているのは、近くに住んでいるＮＰＯの理事の方にやってもらっています」

地域包括支援センターと情報の流れ

支援の要請や情報は、どんな流れでスタッフに入ってくるのだろうか。

柿山氏によれば、ＰＳＷ（精神保健福祉士）の竹下氏は退院支援の考え方をよく理解しており、地域包括支援センターとの連携がはるかにしやすくなった。他の地域の地域包括支援センターと比べても、地域から包括へ、包括から病院へ、地域へ、という流れがとてもつくりやすくなった。

竹下氏はいう。

「地域から包括センターに、たとえば退院相談がある。退院後、通院支援をしてほしいが、介護保険が使えるか。使えないとするなら、支援はしてもらえないのか。そういう相談があったとすると、白川病院では退院後の生活支援をしている、生活支援だから、介護保険を使わなくても支援が可能だ。あるいは買い物ができない、ヘルパーさんに頼みたいが、介護保険が使えないのでなんとかしてもらえないか、といった生活の細かな支援に関する相談がよく入るようになりました」

竹下氏はまた、こんなケースも話してくれた。

ケアマネが付いて、ヘルパーとデイサービスを利用していた人だった。義理の弟が身元保証や連帯保証をしていた。高齢で認知症だった。

「このおばあちゃんは外出が好きで、パン屋や近所の商店にしょっちゅう出かけていました。あるときヘルパーから、本人が頻繁に外出し、どこにもいなくなってしまうことがあるので困る、という相談がはいりました。

デイサービスでも同様で、いなくなってしまう。ケアマネから事業所に報告がきて、ケアマネも困っている。家族は家族で大変だと言い、義理の弟はもうかかわりたくないという話になりました。そこで施設しかない、いい施設はないかという相談が地域包括支援センターにきました」

竹下氏はケアマネジャーやスタッフと話し合った。

「本人は外出が好きなだけであり、それ以外に、大きな問題があるわけではない。この人が地域で生活するために、なにかできることはないのかと考えました。見守り体制をどうつくるか。まずこの人がどういう生活をしているか、それを知るために、近所のパン屋さんに行き、銀行に行き、商店に行ってみました。パン屋さんに聞いてみると、認知症についての知識がほとんどなく、迷惑だと感じているふしがありました。

このおばあちゃんは白川校区の方で、白川校区では模擬訓練をやっていますね。それでお店を一軒一軒回り、この人はこういう人で、と話してみると、認知症の方だったんですね、と言います。お店の方には、探索ボランティアに所属していただきました。いまは住民と商店とが協力して、支援しています」

そして、模擬訓練がなかったら、こんなふうにすぐにはつながらなかった。**模擬訓練を重ねることで住民の理解を得られるようになった**、と述べた。

地域の見守り体制をどうつくるか

また柿山氏からはこんなケースが出された。

毎日よく出歩く人で、朝六時からお昼まで出かけていき、午後にもまた出かけていって夕方帰る、というほどの健脚ぶりだった。

「認知症になる前は色白で、ふくよかな感じでした。認知症になってからは、真っ黒になってやせています。地域の方はよくご存知で、行方不明になったとき、『愛情ねっと』でメールが流れました。顔を知っている人と知らない人だと、居なくなったときのモチベーションが違うのですね。昔から知っているので、この人だったら何とかしてあげようと思ったようで、行方不明になったときは、一生懸命探していました」

柿山氏はさらにつづける。行方不明になって見つかり、よかったね、で終わらせるのではなく、ここで継続して生活する人にたいし、地域住民は支えてあげたいという思いがある。しかし、とにかく行動範囲が広い。そこで、歩いているときに見つけてくれる〝人の目〟を増やすことが大事だ、と考えている。認知症の人を地域で支えるのも、いろいろなパターンがあると柿山氏はいう。

「認知症になっても自宅で生活をするためは、隣近所でがっちりとガードを固めるというやり方もあるけれど、無断外出する人に対してはエリアを広げ、地域のみんなで見ていく。地域の人も色々なケースを体験することで、色々な生活の仕方があることを理解していく」

模擬訓練をつづけていると、そんなふうに変わってきたという。

池田氏は、最後にこんなことを言った。

「柿山君たちが一〇年前、病院に勤め始めた頃からの思いが、いまやっている模擬訓練に対して『何のためにやるのか』、という核をつくってくれたような気がします。本質のところを押さえて頑張ってくれているので、模擬訓練も続けてこられたのでしょう。このような取り組みがもっと広がっていくといい。白川病院のように、医療機関に対するイメージが変わりますから」

認知症ケアを地域づくりの中心にすえる大牟田市からの報告だった。

【エッセイ3】

認知症高齢者の「列車事故裁判」を受けて

少しさかのぼるが、二〇一三年八月、JR東海の、愛知県のある駅の構内で**電車にはねられた認知症男性の家族に、損害賠償を求めた裁判**があった。男性は、事故当時、八五歳で、認知症を抱え、介護をしていた九三歳の妻が寝込んでしまった隙に家を出ていき、事故にあった。読売新聞(一六年二月三日)によれば、妻は要介護1の認定を受けていて、夫は要介護4。長男は、遠方に住んでいたのだが、近くに転居して介護に当たっていた。施設入所を検討したけれども、結果的には在宅での介護を選択した。その一〇カ月後に事故。

一審は一三年八月。長男と妻に、七二〇万の賠償命令。二審は一四年四月。妻のみに三六〇万円の支払いを命じる判決が下され、さらに控訴。一五年二月三日に最高裁で結審し、判決は三月一日に下され、**最高裁判決では家族の賠償責任は否定された**。

おそらく今後の判例になるだろうから少し詳しく見ていくが、東京新聞三月二日版に、判決要旨が掲載されており、引用する。「監督義務」の件。

《民法七一四条は、責任無能力者が他人に損害を与えた場合、法定の監督義務を負う者に賠償責任があると定めるが、保護者や成年後見であるというだけでは監督義務者には当たらない。また民法七五二条は、夫婦の協力や扶助の義務を定めているが、これらは夫婦が互いに負う義務であって、第三者に対して、夫婦いずれに何らかの義務を負わせるものではない。男性の妻や長男は監督義務者に当たらない。

もっとも、法定の監督義務者でなくとも、責任無能力者との関係や日常生活での接触状況から、第三者への加害行為を防ぐため実際に監督しているなど、監督義務を引き受けたとみるべき特段の事情がある場合は、監督義務者に準ずる者として民法七一四条が類推適用され、賠償責任を問えると理解すべきだ。

監督義務者に準ずる者かどうかの判断は、本人の生活や心身の状況に加え、責任無能力者との親族関係や同居の有無、介護の実態などを総合考慮すべきだ。実際に監督している、あるいは容易に監督できるなどの事情を踏まえ、責任を問うのが客観的に相当かという観点で判断する必要がある。》

そして「判断」は、家族の監督義務はない、というものだった。

要旨全体は、前段、中段、後段と分かれていて、前段が、家族や保護者であることが即監督義務者に当たるわけではないこと、中段は、監督義務を引き受けた特段の事情があれば賠償責任は問えると判断できるというもので、判断は、実際の介護状況など総合的に見てすべきものだ、という内容が後段に書かれていた。

一読し、要旨は含みがあって分かりにくい文章になっていた。何回か読んでその背後で言っていることが見えてきた。気になる点は二つある。

今回は、被告となった介護家族の事情を最大限救いあげ、監督責任なしと判断したけれど、家族介護すべてのケースにわたって、今回のような判断が出されるわけではない、「総合考慮」がなされた結果、監督責任あり、という場合もあるということがひとつ。

もうひとつは、施設介護者に対しては、よりハードルを上げていることだった。これは当然と言えば当然で、いくら認知症が重篤化して監督や支援が難しくても、監督責任が生じることは十分に想定されるから、そのつもりで施設介護に臨むように、という施設側へのメッセージも述べられていた。

認知症ドライバーによる事故の責任は？

認知症高齢者による加害・被害の、こうした予期しない事故はこれからも生じるだろう。

折しも二〇一六年の後半になってから、高齢ドライバーによる交通事故が立て続けに起き、被害者に多くの子どもが含まれていたこともあって、運転の可否を巡る社会問題となった。認知症を疑われる高齢者による事故も発生している。

仮に認知症と診断され、その状態によっては、本人の刑事、民事における責任能力が問われ、場合によっては免責されるという事態も起きるかもしれない。そうすると、やはり家族が、認知症を疑っていながら運転を止めなかったということで、その監督責任を問われることになるのだろうか。

高齢ドライバーが運転免許を返納しない理由は、一人一人異なっているが、たしかに生活に支障をきたすケースもなくはない。孤立化し、引きこもり生活が促進されるだろうことも予想される。しかし高齢になるにつれて認知機能や運動機能は衰えていく。交通事故件数が大きく右肩上がりになっていることも、また間違いのない事実である。

自主的な返納を進めても、おそらくはほとんど効果がない。年齢を区切って一律返納では、大きな反発が出ることは明らかである。高齢のタクシードライバーなど、職を失うことになりかねないからだ。現在のテストをより厳正化するなど、何らかの法的規制を講じるのか。講じるならばどんな方法・内容にするのか。

いずれも難題である。しかし早急に対策を講じる必要がある。

第4章▶人生の「閉じ方」と地域包括ケアシステム

1　ビハーラ医療団・田代俊孝（同朋大学教授）を訪ねて

病と死の「苦」はのりこえられるか

医療とむすびつき仏教本来の力を発揮する

「ビハーラ医療団」とどう出会ったか

筆者は物書きなどという職業柄、仕事に関連する（しそうな）新聞記事を、とにかくためこんでおく習性がある。近年はスクラップ帳をつくる余裕もなく、テーマごとにより分けた古新聞を紙袋に入れて積んでおくのだが、そのなかに珍しく、筆者の手元から離れていかない一片の切り抜き記事があった。

タイトルは「**死の受容へ　医療現場に仏教**」。三段ほどの紹介で、「ビハーラ医療団」や「仏教伝道文化賞沼田奨励賞」というリードも付されている。日付は二〇一五年九月七日（読売夕刊）。受賞対象は「医療と宗教関係者のネットワーク組織『ビハーラ医療団』。代表世話人は田代俊孝氏。名古屋市の同朋大学教授で仏教学を専攻し、三重県の行順寺という寺の住職もされている。この小さな紙面がなぜか気になり、いずれ役立つのではないかと考え、切り抜いて保存していたようなのだ。

記事には、「**医療と仏教の協働**」という言葉が見える。「仏教が寺や大学の研究室に閉じこもり、観念的な話だけになっている。本来はもっと実践的なはずだ」という田代教授の言葉も拾われている。

仏教のもつ力が生活そのもののなかで再認識されたのは、東日本大震災の直後であったことは記憶に新しい。筆者は被災地にボランティアに出向き、そしてまた何度か取材にも伺ったのだが、検視を行なった医師や、施設スタッフに話をお聞きすることを目的としていた。津波の後の孤立から生還した老人施設を訪ね、多くのスタッフの声を聞かせ

田代俊孝氏

てもらったこともある。

そのとき、何人かの人が口にしていたのが、悲惨と混乱を極めた遺体の安置所や検視の場所にあって、初めて僧侶がやってきて経を誦みあげたときのことだった。そこに居合わせた多くの人びとの表情があっという間に和らぎ、つかの間のこととはいえ、安寧・平安・落ち着きをもたらしたというのである。祭壇をつくり、お線香を一本立て、花や水を添えるだけで周囲の空気は一変した、とも聞かされた。

不思議なことだとは思う。しかし反面、とてもよく理解できることだとも思った。長いこと「葬式仏教」などと揶揄されてきたが、やはりそうではなかったのである。死者の霊を安らかにし、生き残った人々の悲嘆を宥《なだ》めるのは、日本仏教の元々のもつ働きである。このことは、筆者には、いつか取り組むべきテーマになる。――先の記事を長く手元に保存しておいたのは、おそらくそんなことが頭にあったからだろうと思う。

ただし、では取材を、と即決するには、いくつかのハードルがあった。

一つは、筆者の世代は一九八〇年代九〇年代の〝新新宗教ブーム〟のなか、〝宗教〟にひと方ならない関心を寄せ、結局、ある教団が引き起こした大きな社会的騒動やテロ事件の中に、捨て置かれることになった。「いったい宗教とは何なのか」、そう誰もが感じたはずなのだが、この時代のきちんとした総括は、まだ誰の手によってもなされてはいない。

二つ目は、日本仏教には、一三宗学派が存在するといわれるが、そうしたなかにあって、特定の仏教教団の宣伝や、広報の役割を担がされることへの危惧や警戒心があったことだ。この二つがクリアできなければ、公益性の高い場所で紹介するにはふさわしくない。そう考え、記事をくり返し読み、インターネットでも調べてみた。

記事には「現在の会員は医師や看護師、薬剤師ら約80人。年1回の研修があり、研究者や僧侶の講演を聞いて仏教を勉強し、自らの経験を踏まえた発表もする。各病院に戻った医師らは、仏教の講演会を開くなどして、学んだことをそれぞれ実践している」とあるから、公益性や客観性の高い取り組みをしていることが理解できる。

そうやってあれやこれやと確認した上で、次の取材先としてどうかと提案をした。こんないきさつを経て、田代俊孝教授への取材が実現したのだった。

「ビハーラ研究会」の立ち上げ

田代俊孝氏が「死そして生を考える研究会」（「ビハーラ研究会」）を立ち上げたのは、一九八八年だったという。同朋大学の当時の学長であった池田勇諦氏をはじめとして、医師、看護師、福祉関係者、教育関係者、宗教関係者、がん患者らに呼び掛け、田代氏の研究室を事務局として研究会を始めた。

一九八八年ごろといえば、「死」は、まだタブーの時代だった。とくに医療にあっては治療（治癒すること）が、最大の命題であり、どんなかたちであれ患者を死なせないこと、できるだけ命を長くつなぐことが、医師の最大の目的や使命だと見なされていた。もちろん「死の受容」などという言葉も、一般には流布してはいなかった。

ちょうど田代氏は研究室の雑務の年限を終え、これからは名実ともに研究者として、専門である仏教研究に専念していきたいと考えていた。しかし疑問にぶつかる。仏教が流通するのは、大学のなかか、お寺のなかだけ、というのが当時のまぎれもない現状だった。しかし、あるべき姿はそうではないのではないか。田代氏は言う。

「仏教は、本来悩みを抱える人のためにあるものだし、生老病死を超えていくことを目的とするのだから、もっと暮らしに密着したところで、本来的な働きをなしていくべきではないか。そう考え、がんの患者さんや医者に声を掛けて、研究会を立ち上げたのです」

研究会の名称となっている「ビハーラ」という言葉は、田代氏の友人で、当時仏教大学の講師だった田宮仁氏の提案によるものだというが、サンスクリット語で、僧院、安息所、「安らかな場所」というほどの意味だった。

八〇年代後半はがんの患者が増え始めていたころだったし、海外では当時、不治の病と言われたエイズ患者も急増していた。そんな社会背景もあって「死」にたいする関心は高く、最初の研究会には、二〇〇名もの参加者が足を運んだという。田代氏たちはがんの患者にも意見発表をしてもらい、報告を集めた記録をまとめたりしていたのだが、さらに一九九〇年。

「名古屋市の中区に東別院青少年会館というものがあり、そこにお願いをして、共同で『老いと病のための心の相談室』や『デス・カウンセラー講座』というものを開設しました。それはボランティア養成講座で、一般の方に仏教のこと、簡単な医療介護や福祉介護のこと、ロジャーズのカウンセリングについてなど六カ月ほど勉強をしてもらい、そして療養型の病院とか、老人施設に行ってもらいました。ボランティアで、がんの方のこころのケアをしてもらう。そういう活動を始めたのです」

一方、田代氏は、自分たちの取り組みを広めるため、全国各地での講演にも力を入れていた。そこで、病院の医師たちのなかにも、仏教を勉強している人たちが少なくないことに気づかされた。

「ドクターたちは、一生懸命治療をしても力及ばず、患者さんたちが亡くなってしまう、何のための治療だったのかと、思い悩むことが少なくない。患者さんの母親がお寺に足しげく通ったり、本棚には仏教の本が置いてあったりするのを目にする。読んでみると面白い。書かれてあることが、自分がぶつかっている課題として入ってくる。そのことがきっかけで、仏教の勉強を始める。そういうドクターたちが多くいたのです」

一九九八年、東国東国保総合病院の当時の院長田端正久医師、岩手県立磐井病院院長の内田啓太医師、そして田代医師が呼びかけ人となって、医師たちに声を掛け、田代氏の地元の温泉を会場として、二〇名ほどで勉強会を始めた。それが最初だった。

「ドクターたちは、それこそ真剣に勉強をしていました。現実に生老病死の課題を抱えているわけで、医師たちがもっている課題を一緒に考えよう。それまでボランティアの人たちを医療現場へ送っていたのですが、医療の世界はドクターを中心にしたヒエラルキーですから、ドクターの理解がないと、ボランティアの人たちも十分な活動はできない。そんなこともあって、医師たちともっと勉強会をして、理解を広めようと考えたわけです」

事務局は同朋大学の田代研究室に置き、現在会員は九〇名ほどになっている。

なぜ仏教を学ぶのか

さて、ここからが仏教についての話になっていく。田代氏はいう。

「私たちの方法は、単に仏教を利用して、癒しや安らぎを与えるというものではないのです。仏教というのは、安らぎを得るための道具ではないのですね。まずは仏教の教えを学ぶこと。できるだけ深く学んでいくこと。そこからはじまるのです」

にわか勉強にすぎない筆者の理解がどこまで届いているか、いささか心もとなくはあるが、ともあれ田代氏の言葉を紹介してみる。

「仏教を利用して、末期の患者さんの心を安らげるとか、癒すとか考えがちなのですが、では仏教を学べば癒されるのか、仏教を学べば死の恐怖を克服できるのか。そうではないのです。**結果的にそうなる**ということです。結果的に安心・安寧に至る。科学的な方法論に立つと、仏教を利用して末期の患者を安らげるようにするのがいいことだ、というように考えるのですが、それは違うのですね。心の平安や安らぎというものは、つかもう、つかもうとすればするほど逃げていく。安らぎたいという心も一つの執着《しゅうじゃく》・我執になるわけで、仏教を勉強することで、結果的に、我執や〝とらわれ〟から自由になる。逆ではない。そのことをきちんと理解しておく必要があるのです」

がん告知のあとの生

「2016年に新たにがんと診断される患者数は101万200人以上に上るとする予測を15日、国立がん研究センターが発表した。年間の新規患者数が100万人を超えるのは初めて」。こんな記事を読売新聞に見つけた

全がん

・男女とも、おおよそ60歳代から増加し、高齢になるほど高い。

・60歳代移行は男性が女性より顕著に高い

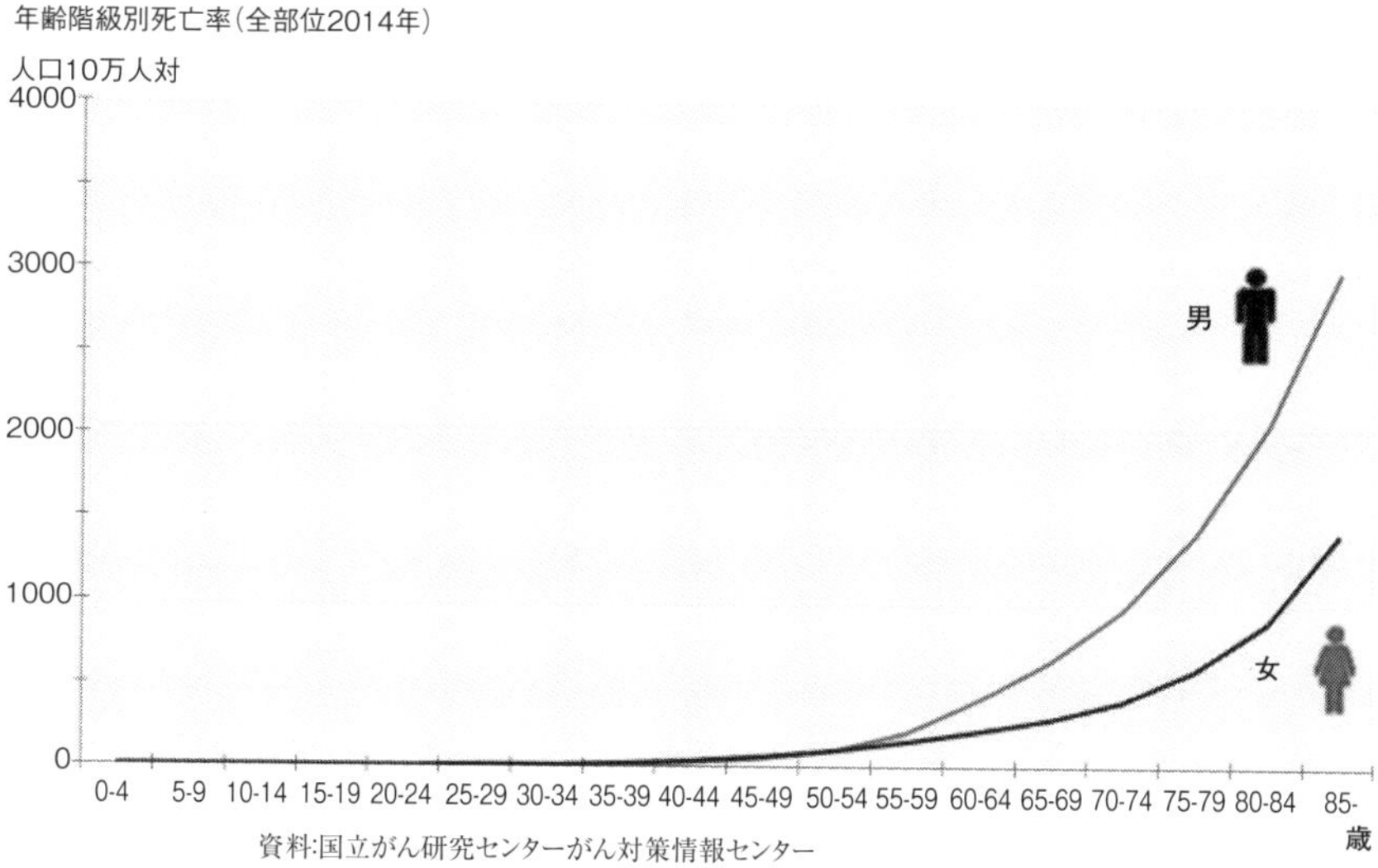

資料:国立がん研究センターがん対策情報センター
Source:Center for cancer Control and information Services, National Cancer Center, Japan

（二〇一六年七月一五日朝刊）。

新たな患者数は「１９７５年から増え続けており、約40年で5倍になった」とも。この増加は、「高齢者人口の増加や、診断精度が向上して小さながんが見つかるようになったことが原因という」。また「がんによる死亡者数は、15年より３１００人多い37万４０００人（男性22万３００人、女性15万３７００人）と予測した」と記載されている。

筆者はこれまで、がんについて真正面から取り上げたことはなかったと記憶する。がんは、高齢者のテーマというよりも、五〇代六〇代の中高年世代が直面する課題だという思い込みを、なぜかもっていた。実際、筆者の周りでは、二〇〇九年と一〇年の二年間だけで、親友、師ともいうべき親しい知人たちが立てつづけに四人もがんで他界していった。全員が五〇代から六〇代だった。こんな事実も、思い込みの背後にはあったのかもしれない。

がんの死亡率の年齢別の構成が知りたいと、インターネットで調べてみた。すぐに次のようなグラフに出会った（図参照、「がん情報サービス」http://ganjoho.jp/reg_stat/statistics/stat/summary.html）。

ニュースになり、騒がれる、記憶に残るのは、「まだ若いのに」という驚きと惜しまれる気持ちがあるからこそだったようで、がんもまた「老いと死」という本稿のテーマの中で取り上げなくてはならない重要課題だった。図を見ながら自分の不明を恥じた。

がんの話題を持ち出したのは理由があった。田代氏と「ビハーラ医療団」の著書を拝見すると、やはりがん患者の家族や関係者による述懐が圧倒的に多い。筆者の目は、どうしてもがん情報に向くようになる。そこにちょうど、冒頭の記事が飛び込んできたというわけだった。

さらにもう一つ。東京都知事選に立候補した鳥越俊太郎氏は、一回目の会見の時に「がんの患者だって都知事はできるんだ、そのことをみんなに見せたい」と述べた。いろいろな人がそれぞれの感想をもっただろうが、筆者は賛同した。いのちがあるうちは、やれることを思い切りやりたい。「病み上がり」だからどうだとかいうのは、偏見であり、がん手術の後、社会復帰を目指している多くの人に失礼な話ではないか。そんなことを思ったりもした。

がん告知と死の受け入れ――仏教を学ぶこと

田代教授はいう。

「最初の頃、がんで亡くなった人のコメントのなかにこういうものがありました。私は、がんになったことによって仏教を学ぶことができ、深く考え、自分の苦しみを受けとめることができた。がんになったことがむしろよかったと思えるほどだ。そういうのです。健康はプラス、がんはマイナス。生はプラス、死はマイナスという考え方を、仏教を学ぶことで、もはや離れているのですね」

仏教に出会った患者は、そうやって自分の生と死を見つめ直すことになるのだが、ただし、患者が本物の仏教に触れたいと考えたとしても、僧侶が病院に入っていくことにたいしてはいまだにハードルが高い。では、医師や看護師がすぐ対応できるためにはどうすればよいか。

「死に逝く人をよりよく送るのも、医療の役目ですね。そういう場で本物の仏教に、どう出会えるようにするか。**ドクターたちに仏教を勉強してもらうのが一番だと思ったの**です。仏教では『自信教人信』といいます。自分がまず学ぶこと、そして患者と一緒に学んでいくこと。医師たちはこのことをよく理解してくれました」

素朴な疑問を抱いた。患者はどうだったろうか。死を口にすることをタブー視する、忌避する、ということはなかったのだろうか。

「それはありませんでした。緩和ケア病棟の患者は病名告知を受けていますし、告知を受けていなくても察知しています。するとそういう方たちもドクターも、『死』をタブーにはしないのです。静岡がんセンターの医師が言っていたのですが、高学歴高収入、教養の高い人ほど往生際が悪い。たしかにそうで、それに比べてたとえば農業をやっている人は、台風、冷害、日照りなど、自然災害は自分の思い通りにならないと、肌で知っている。だからがんになっても、それは自分の思いを超えたものだと淡々と受け入れていく」

そう田代教授は言う。

「自分の思いを超えた『縁起』のなかに、我われは〝生かされて〟いるわけです。科学的な論理で考えれば、自分の命は自分のものである、自分のものは自分の思い通りになる。そう考えます。ところが現実には思い通りにならない。思い通りにならないものを思い通りにしようとするから、苦しまなければならない。少しばかり教養があって、近代科学を絶対視している人ほど苦しまなければならない。そういう人がどのようにして、**自分の思い通りにならない死を受け入れていくか。仏教に、その方法論があるのです**」

「苦」はどこにあるか

さらに続ける。

仏教は、悩み（煩悩）の原因は外にあるのではなく、自分のうちにあると考える。その、自分のうちにある悩み（煩悩）とどう向き合うか、その方法をつぎのようにいう。

「自分のなかの我執が苦しみをつくっていくわけですが、仏教の見方に立てば、命は長くてもいいし短くてもいい。しかし科学的な見方に立てば、『年齢』は長ければ長いほど幸福だという価値観になりますから、長い命はよい、短い命は悪い、ということになる、しかし長かろうと短かろうと、それぞれに与えられた命です」

それが仏教の「中道」という考え方になる。それぞれに与えられた命に優劣（プラス・マイナス）はない。

「『豊かな長寿社会』という言葉がありましたね。たしかに長寿にはなった。でも豊かになったでしょうか。人生の充足感をどれほど得たでしょうか。『良かった』と死んでいける人はどれほどいるのでしょうか。人生は、物差し通りにはいかない。どこまで長寿になっても、『もっと』という我欲がある限り、虚しい思いから離れることはできない。すると、長い短いという物差し自体がどうでもいい。物差しを捨て、あるがままに、長くても良し、短くても良し、**いただいた命をいただいたまま、というところに立ったときに、安らぎが訪れることになります。それを仏教の言葉で『中道』といいます。親鸞の言葉では『自然法爾』。**その真理に目覚めれば、死を前に苦しんでいる人も、苦しみを受け入れることができるようになります」

このような仏教の教えを看護師や医師も学べば、患者に伝えることができるようになる。そうしたスタッフが増えることがとても大事だ、とくり返す。また田代教授は、全国の病院で話す機会があるが、そのときには諸行無常、諸法無我、縁起という仏教の教えについて語るという。

「患者さん全体を前にした講話では仏教について話し、そのあと個別に相談という順番になりますが、全体での話題は、たとえば無常について。一切は移り変わる。頭の中では常だと思っていても常ではない。自分はいつまでも若いと思っている。しかし現実には白髪が生え、皺ができる。若いという思い込みと、鏡に映っている事実のギャップ。それが老いの苦しみです」

病も同じだという。頭では、自分はいつまでも健康だと思っている。その健康な自分がどうして入院しているのか。ギャップに苦しむ。しかし人間は健康な時もあれば、病む時もある。むしろ病んで当たり前である。

「頭のなかでは死なないと思っているけれども、身近な人の死に出会えば自分も死すべき存在だと分かる。現実の苦しみを超えていく道が仏教にはあり、1対1になったときは、それをお話しするのです」

教団としてではなく一人一人の苦しみに向き合う

ただし、田代教授には留意していることがあった。

「そういう学びを教団仏教というかたちで設けていくと、教団の宣伝拡張と受け取られてしまいます。すると怪しげな宗教だということになりかねない。私も僧侶ですから教団には関わっていますが、市民仏教、悩む人のための仏教でありたい。宗派や教団の情報を提供するのではなく、仏教そのものの論理を提供できる方がいいわけで、**ビハーラ医療団は、宗派にはまったく関わっていません。**生老病死を超えていく考え方を宗派に関係なく学び、悩む人のために一緒に考えていく。そういうスタイルです」

宗派を超えたネットワークは田代教授の最初からの考えであり、メンバーたちもこだわりなく受け入れた。

「私が所属している同朋大学は東本願寺系の大学ですが、私たちの活動は東本願寺から規制を受けるわけではなく、それぞれ個人としてやっています。ただ、日本の場合には、おまじないや加持祈禱など、習俗的な宗教も宗教法人と認められています。しかし、そういう習俗宗教には救いの普遍的論理はありませんから私たちは避け、あくまでもきちんとした仏教本来の教理に立って活動しています」

地域包括ケアシステムのチームの一員として加わることで、宗教者の立場から患者に支援する機会はもっとあってもいいのではないか。最後に筆者は、医療に対する注文はないかと訊ねてみた。

「**大事なことは本当の意味でのＱＯＬ**ですね。暮らしの質とか、痛みのコントロールとかいわれるけれど、医療者も介護者もそこにとどまらないで、『本当によかった』という人生の充足感が得られるような、そういう学びを提供しないといけないと思います。人生は長ければ長いほどよい、という価値観を離れたら、亡くなるのが30歳であろうと50歳であろうと、いただいた人生、よかったという充足が得られる。それこそが本当のＱＯＬだと私は思います。そういう医療をつくらないといけないですね」

問題は末期がんの患者だけのものではない。生きているものすべてにとっての課題である。田代教授はそう結んだ。

2　ケアタウン小平クリニック・山崎章郎医師と相河明規医師に聞く

がん－非がん　二つの終末期とホスピス緩和ケア

ホスピスのチームが地域に出向いていく

本人と家族のメンタルをどう支えるか

東京都小平市のケアタウン小平クリニック。二〇一六年の秋が深まりかけていたある夕刻、山崎章郎院長と相河明規医師を訪ねた。山崎氏は『病院で死ぬということ』などのベストセラーをもち、ホスピス医として著名な医師だった。私事になるが、筆者も感銘深く拝読し、存命だった父親にも勧めたことがある。珍しくすぐに連絡が入り、いい本だった、感動した、と述べていたことが、いまさらのように思い起こされる。

その山崎医師への取材意図は次のようなものであった。この二年ほど地域連携の取材を続けてきて、**地域包括ケアシステムとはつまるところ、人生の閉じ方を支えるチーム作りではないか**、という思いに至っていた。**そのときに本人や家族のメンタルをどう支えるか**、この点を中心にお聞きしたい、というのが取材の目的だった。

最初に、山崎医師は次のように述べた。

「終末期の医療とかケアという話題がよく出ますが、その場面を生きるのは当事者ですね。ケアや医療が的確かどうかは、当事者である本人の意思の確認なしには判断できない。終末期にどう臨むかは当事者にならない限り分からないわけですが、しかしこれからの時代、亡くなる方がどんどん増えていく。**多死の時代**になるわけです。

そのとき、終末期に臨む人たちの尊厳が守られるためには、自分の意思が最後まで尊重され、守られることが必要になります。地域包括ケアシステムとは、その目的を果たすためのものではないでしょうか」

まったく我が意を得たりだった。ではメンタル面の支えについてはどうか。

「まず、私は初診の患者さんに『あなたはもう駄目ですよ』とは、原則的に言わないのです。『しばらくはこういう状態が続くかもしれないし、少し良くなるかもしれない。けれども病状やお歳を考えると、悪化していくことも考えられます。**もし良くならなかったらどうしますか**』と尋ねます。悪い話だけではなく、色いろなことに備えましょうという話をしていった上で、『もし悪くなったらどうしますか』と尋ねると、患者さんはきちんと答えて下さることが多いですね。そこがすべてのスタートだと私は考えています」

本人の意思を確かめ、それにどう応えるかが重要だと山崎医師は強調する。

「ですから、自分が今置かれている状態に納得できるかどうかということです。悪くなっても家にいたいということであれば、私たちはそれを守りますよ、そのための努力をしますよ、と伝えると患者さんはすごく安心します。それが一番のメンタルケアだと思いますね」

相河医師がそれを受けて次のように続けた。

「山崎先生の診療を学んでいてなるほどそうだなと思うのは、必ず『もし良くならなかったらどうしますか』と訊ねることです。医師は普通、こうすれば良くなる、こういうことには気をつけなさいということは伝えますが、悪くなることだったり、死についてはなかなか触れないものです。でも山崎先生は、死に関わることでも、一歩踏み込んで尋ねるのです」

相河医師は、地域包括ケアが提唱されているが、いまどれくらいの在宅医に踏み込んだ問いかけができているかと述べ、それができるようになれば、患者・家族もしっかりと考えるようになるのではないかという。そして続ける。

「メンタルヘルスと言わなくても、ぼくがここで教えてもらっていることは、患者さんに安心感をどうもってもらえるかです。患者さんは、もう治療法はないからと病院から在宅に移され、家族はどうケアをしていいか分からない。みんな不安でいっぱいです。急にどこか具合が悪くなったらどうしたらいいか、と皆さんが言います。安心感をどう提供するか」

そのためには、二四時間、何か不安な症状や困ったことがあれば**いつでも往診することを保障する**、漠然とした不安を具体的な安心に変える、それが大事だといい、そのためには患者・家族と医療者とのコミュニケーションがとても重要になると述べる。

「相談から初診まで、ていねいに尋ね、本人や家族の不安、ニーズを聞き出していく。そして安心してもらう。それはホスピスケアそのものです。地域包括ケアでは、ホスピスケアの経験もなく、ガン診療の経験も緩和ケアの経験もない医療者に、ほんとうに必要な安心感をつくるのは難しいと思います。がんであっても非がんであっても、**不安を安心に変えていくというプロセスをすごく丁寧にやっていくこと**。それをぼくはここで教えていただいています」

ケアタウン小平クリニックの開設にあたって

ケアタウン小平クリニックは、一二年前に小平地域でチームケアを開始した。山崎医師は、それまで東京都小金井市の聖ヨハネ会総合病院桜町病院のホスピス病棟で、がんの末期患者の緩和ケアをしていたのだが、そこで限界を感じたことが在宅ケアに転じた理由だった。

「ほとんどの方がホスピス病棟で亡くなっていくわけですが、患者さんたちと話をすると、ホスピスでケアを受けられたことは非常によかったと言われる。一般病棟に比べればはるかにケアの質は高いわけですから、家族にも喜ばれたのですが、本音を言えば家にいたかった、という人がたくさんいたのです。ホスピス病棟では、病院に来た患者さんにしかケアができない。そこに限界を感じていました。仲間と話し合い、**それならばホスピスのチームが地域に出向けばいい**。そう考えました」

多職種の人たちがいつでも顔を合わせ、患者や家族が抱えている問題に対して情報交換ができ、カンファレンスもできる。そんなチームを作ろうと考えた。

「病院であれば日常的にそれが可能ですが、地域ではそれぞれの家が舞台になり、診療所、訪問看護ステーション、ケアマネ事業所は、別々のところに存在しているのが普通です。そのため情報交換が難しい。その手段がファクスであったり電話であったりするのですが、それでは緻密なケアには不向きだと思い、だったらケアタウン小平という建物をつくり、そこに集まってチームをつくろうと考えました」

仲間の一人が不動産会社を立ち上げ、建物を管理する会社を運営することにした。医師や看護師たちはソフトを担うということで、建物の一階に在宅ケアを支えるための、訪問を中心とした診療所、訪問看護ステーション、ケアマネジャーの事業所を併設させた。

山崎章郎氏

「その事業所が一階の隣同士にあります。チームケアはフェイスツーフェイスの関係が望まれますし、それが実現できていますから、ホスピスと変わらない形でのケアができている。取り組み始めて一二年になるところです」

「がん―非がん」患者と地域包括ケアシステム

山崎医師は、**自分たちのチームケアは地域包括ケアシステムを先取りするもの**だった、と自負をこめて前置きし、次のような、大変興味深いことを話し始めた。

「地域包括ケアシステムは、これからの高齢社会・多死社会に向けての取り組みですが、いま言われているのは、ほとんどが慢性疾患や認知症の人を対象とした仕組みづくりです。亡くなるまでのプロセスはかなり長期にわたる。そのケアのための多職種連携をベースにしていますが、がんの患者さんたちは、在宅療養を開始してから四分の一は二週間で、半数は一カ月で亡くなります。このような短期間で亡くなるがんの患者さんたちにとってのケアの連携のシステムとしては、いま取り組まれている地域包括ケアシステムでは、連携がいまひとつ濃密ではないのです」

何年かにわたって取り組む多職種連携は緩やかなもので

いいが、がん患者を診ていくには、現在の地域包括ケアシステムは必ずしも向いていない、と言う。

「地域包括ケアシステムは大事な仕組みだと思っているのですが、しかし現在一番亡くなる数が多い病気はがんですから、その人たちのための仕組みも必要だと思っているのです。地域包括ケアシステムのなかに、末期がんの患者さんたちを地域で診ていくための在宅緩和ケアのシステムを組み込んで行く。そのためにどうするか。そう考えながら取り組んでいるのが実情です」

ケアタウン小平クリニックでは、患者全体の七割弱が非がんの患者で、三割超ががん患者だという。ただしがん患者は短期間で亡くなっていくから、数的には、年間を通すと相当数になる。

「非がんの患者さんには一〇年くらい私たちが診ている人もいたりして、何年にもわたりますから、そういう人たちの数に変動はないのですね。だいたい年間に看取る方が八〇名超です。月平均七名ほどですが、そのうちの一割が非ガンの人、九割ががんの人です。ですから終末期のケアといっても、がんの人と非がんの人を同列に論じることは難しいと考えているのです」

そして続けた。

「非がんの人は、認知症や老衰で変化していくことが多いので、だんだん衰弱していき、食事の摂取量が減ってくる。あるいは食べても誤嚥をし、誤嚥性肺炎を繰り返す。そういう事態になる人が多いので、そのとき、その変化を老化によるやむを得ないものと考えて終末期のケアを選択するのか、肺炎を繰り返すのであれば胃ろうをし、延命をという選択をするのか、そういう問題になってきます」

がんの場合は確実に進行して行き、先の読める病気だと山崎医師は続ける。

「この患者さんは一週間保つのが難しい、一カ月は難しいとほぼ予測できますから、それに応じた集中的なケアになりますし、いかに苦痛を緩和するかが最大の課題になってきます。意識が明瞭な人が多いですから、短期間に変化していくことはご自身にも理解できるし、精神的な苦悩も出てきます。ご家族は、目の前でその方が死に向かっていることを感じながら看病しなければならない。家族に対するサポートも重要になってくる。そこが大きな課題です。ですから同じ終末期ケアとはいえないだろう、分けて考えないといけないだろうと考えていますね」

「治療」はどこまで継続されるのか

非がんの患者にあって、食事の量が落ちている、肺炎にかかりやすいといった状態が続き、衰弱が顕著になってきたとき、終末期のケアに移るのか、入院して治療をするか、その判断はどんなふうになされているのだろうか。おそらくそこが、家族に求められる最も厳しい決断だろうと思う。

「がんの場合は、治療法がないとなったとき、逆に先が見え、それに応じて苦痛を緩和するなどの集中ケアが必要になりますが、非がんの、たとえば老衰の人の場合であれば、回復する可能性があります。熱中症で脱水状態になれば、点滴で回復可能です。肺炎になったら治療をすれば回復する。でも、逆に言うと先が読めないわけですから、非がんの患者さんに変化があった場合、とりあえず医療機関にかかり、回復する状態なのかどうかの判断をする。病院に行っても回復は難しい、特別な病気が見つからないし老衰かもしれないということになったら、そこで次の判断が求められます。本人やご家族が、家に帰りたいということになれば、我われが引き継ぐことになります」

山崎医師はさらに続ける。

「もう高齢だし病院には入院したくない、という患者さんもいますので、その場合は家でできる範囲の医療をしながら経過を見ていく。そこでもう限界だということをご家族が共有すれば私たちが診ますが、ご家族が揺れ動いている場合もあるわけですね。ですからいったんは医療機関にかかっていただき、その上で経過を見て判断しましょう、そういう段取りを取らないと、間違いを犯してしまうことがあります」

山崎医師はがん患者をずっと診てきたので、開業して非がんの患者を見るようになった当初は、判断に迷うこともあった。

「ある非がんの患者さんで、動きも減ってきたし食事の量も減ってきた。がんの患者さんであれば、こういう状態では一カ月はもたない。そういう話をして、とりあえず一度病院に入りましょう、といって入院してもらったら、元気になって帰ってきた。非がんの方は余力がある場合もあるし、限界の方もいるので、見極めるために医療機関で判断をしていただいて、改めてその方の終末期というものを考えていくことが大切だろうと思います」

話題は、非がん患者の終末期の大きな課題、胃ろうの問題に移った。

非がん患者と胃ろうの問題

非がん患者の〝終末期〟判断の難しさ。それがここまでのテーマだったろうか。これ以降、非がん患者の最大の課題は**胃ろうの問題**ではないか、というのが、山崎章郎医師が強調するもうひとつのメッセージになっていく。

「認知症が進行していきますと、身体的にも衰弱していきますから、多くの人が誤嚥性肺炎を起こすようになります。肺炎自体は抗生物質で改善しますが、衰弱した体が元に戻るわけではない。同じことを繰り返すことが多くなります。老衰が進んで行くわけです」

老化によって嚥下機能は落ち、結果的に肺炎を引き起こすことが増える。一時的には入院治療で改善し、退院してくる。しかし嚥下機能は戻っているわけではないから、食事のたびに同じことが繰り返されがちになる。さらに老化・老衰が進行する。

「そうなると、病院の方から、こんなにしょっちゅう入退院を繰り返すのであれば、食事は止めましょうと提案される。食事をしなければ、死という終着点は見えるわけです。そこで、胃ろうという手段がありますよ、と提案される。食べられなくなったのは老いの結果であり、止むを得ないこととしてそのまま見守るのか、胃ろうにして生命を維持するのか、どちらにするのかと提案される。そのとき、このままで結構です、といえる家族はなかなかいないと思います。ほとんどの家族は、何とかして下さい、ということになると思うけれど、そうすると胃ろうによる経管栄養が始まってしまう」

しかし**胃ろうをつけても、身体機能が改善されるわけではない**。衰弱したからだのまま生命を維持させることだから、おそらく、**本人にとっては苦しい状態が長引くことになるのではないか。山崎医師はそう強く危惧する**。

「しかも胃ろうは、いわゆる病気ではないから、つくった時点で病院は手放すわけです。そうすると家族が世話をすることになる。家族のいない患者さんは、療養病床のある病院や介護施設に行くことになります。自分の口から食事が摂れないぐらい衰弱している人たちですから、意思表明が難しい場合も多い。そんな状態で、ひょっとしたら何年にもわたって生命の延長が図られる。そういうことが起こりうる。実際にたくさん起っている」

医師は、胃ろうの提案はするが、本人の意思が分からなければ、最終的な決断は家族に迫られる。その判断によっては、胃ろうをつけて生命が維持されることになる。しかし、それが本人にとって本当に幸せかどうか。

「日本ではいま、四〇万人の人が胃ろうを付けていると言われているのですが、そういう人たちのほとんどが、自宅では介護を受けることができず、病院や介護施設にいます。胃ろうの患者さんをほんとうに大切に介護しているご家族もいますし、介護施設もありますから一概には言えないことですが、医師によっては、それは虐待であるという人もいます」

胃ろうをすることが、本当に本人にとって幸せな状態なのか、きちんと論議しないといけないのではないか。――これが、この取材で山崎医師がもっとも強調し、繰り返し述べたテーマだった。

早い時期からの意思確認を

次は終末期治療における意思表明の問題になった。自分で食事が摂れなくなったとき、胃ろうをはじめとする経管栄養などの延命処置はどうするか。自分で直接伝えられるならば問題はない。意思表明できなくなったとき、事前に家族に伝えておかないと、家族が最終判断をすることになる。しかし山崎医師は、だれの意思が尊重されるべきかといえば、まずは本人である、しかし多くの場合、それがなされていない、そのことは大きな問題ではないか。そう述べる。

「重度の認知症や脳血管障害の患者さんの場合、自分の意思表明が困難です。すると、家族が代理意思決定者になるわけですが、しかし家族は本人が何を望んでいるのかが分からないと、判断を迫られたときとても困ることになるのです」

非がん患者の〝終末期医療〟の最大のポイントは、自分で食べられるかどうか、そこがひとつの目安となること。本来ならば、本人の意思確認の上で進められていくべきものであること。そう理解してよいかと筆者は尋ねた。

「そうです。食事にしても、回復可能であれば、もちろん回復するよう努めるべきです。最近の地域包括ケアシステムでは、歯医者さんや口腔ケアの専門家の人たちも参加していて、嚥下訓練を一生懸命やるようになりました。まさに医療と介護が連携をし、残された機能を回復するためのトレーニングをする。そうすると誤嚥が減ることが分かってきているのです。それは大事なことです。

それでもいつか限界が来る。限界が来たときに、それはもう生きることの限界なんだということを家族が共有しているかどうか。ところが、多くは嚥下リハビリもなしに、いきなり胃ろうをするかしないか、という話になってしまう」

本人の意思が確認されていることは、家族にとっても大きな安心になるとも言う。

「たとえば認知症が進んで意思表明がなかなか難しい方にとっては、自分を看病してくれる家族や介護職の人たちの態度や気持ちに、大きく左右されるのですね。家族が安心して見ていれば、認知症で言葉のない人でも、そのことは本人に伝わっていきます。家族が不安な気持ちだと、それも本人にも伝わっていく。本人に対するサポートはもちろん重要ですが、家族が今起こっている出来事をどう理解し、どう評価したらよいか。これからどんなことが起こるのか。そこにどう向かっていくか。まったく初めてのことなので、不安でいっぱいなのです」

最期が近づくにつれて、**家族はさまざまな決断を迫られることになる**。やり直しはできない。専門家ではないから分からないことだらけのなかで、考える時間も十分にないままに決断し、医師に伝えなくてはならない。

「専門家である我われは、看取りの経験をたくさんしていますから、いまこういうことが起っています、これからこうなっていくかも知れません、こういうことが起ったとき、こういう処置はできるけれども、こういう点は無理をしない方がいいですね、と伝えます。家族の方たちが、いま何が一番心配だと感じているかとか、そんな話を一つ一つ丁寧にしていって、家族が納得してくれたところが折り合いだと思うのですね。なかにはやはり、何とか最後まで頑張りたいという人もいるし、そういう場合は、少々辛くても頑張ってもらうことがご家族のその後の人生を支えるでしょうから、おっしゃるようにします」

終末期の意思表示をしておくことは、自分のためだけではなく、家族のためでもある、判断した後に苦しまないためだ、と繰り返し述べる。

「胃ろうをしないという選択だって、家族にとっては苦しみをもたらします。やっておけばもっと長生きできたと思いますからね。逆に胃ろうをして、生命を維持した状態で、それが延々と続くと、本当にこれでよかったんだろうかと悩むし苦しむわけです。

これから地域包括ケアという仕組みのなかで、たくさんの人が亡くなっていくことが想定されているわけですが、当事者の人たちが意思表明をきちんとしておくことが、すごく大切だということは繰り返し言いたいですね」

最期はどんな治療を希望するかという問いは、どの時点で伝えられるのか。

「私のクリニックに相談に来る人は、そもそも家で最期を迎えたいという人が多いわけです。初診時に、ご家族同席のもと、本人の病状認識の確認と、病状が悪化した場合の医療の希望をお聞きしています」

地域包括ケアシステムにあっては、医師だけではなく、関わる多くの人が考えておくことではないか。

「もちろん看護師さんもそうだし、ソーシャルワーカーもそうだし、これからどんな人生を送って行くのがふさわしいのか、話し合っておく。もちろん医者は、医療的なことは予測できますから、それはお伝えする。そのときどんなマンパワーが必要なのかも含めて総合的に考えるわけですが、大事なことは、医者がこれから起こることの予測ですね、どういう結果になるかもそうですし、医者は予測できることをお伝えする。それが大事だと思うのですね」

最期の意思確認——認知症の場合

もうひとつ、認知症が進行した患者の意思表示をどう考えるかという問題があった。山崎氏は次のように述べた。

「がんの患者さんは最期の頃まで、意識が明瞭な場合が多いですから、本人の意思を確認しながらの医療ができますが、先述しているような重度の認知症などの場合、本人の意思確認が難しいのです。我々の経験から言えば、認知症の患者さんは五分前のことは忘れてしまいますが、瞬間瞬間は会話ができます。『いまこういう状態で、お年もお年だし、これから具合が悪くなることがあるかもしれないけれど、そうなったらどうしますか』ということをお聞きすると、『治らないんだったら病院なんか必要ありません』としっかりと答える人もいるのです。一〇分くらいすると『何を話していたんでしたっけ』ということになって、その人の意思がずっと継続するわけではないのですが、具体的な場面の説明をしていけば、自分の意思を語ってくれるので、それを根拠にしていいのではないかと思うのです。それをご家族と一緒にいる場面で話せば、家族も、そうなのか、それならそうしようと考えるでしょうし、本人の意思判断が瞬発的だったとしても、会話が成立していれば、それは尊重されていい。私はそう考えています」

あるデータでは、ほぼ半数が、家族とは話し合ったことがないという数値が出ている（図参照。厚生労働省・終末期

人生の最終段階における医療についての家族との話し合いの有無

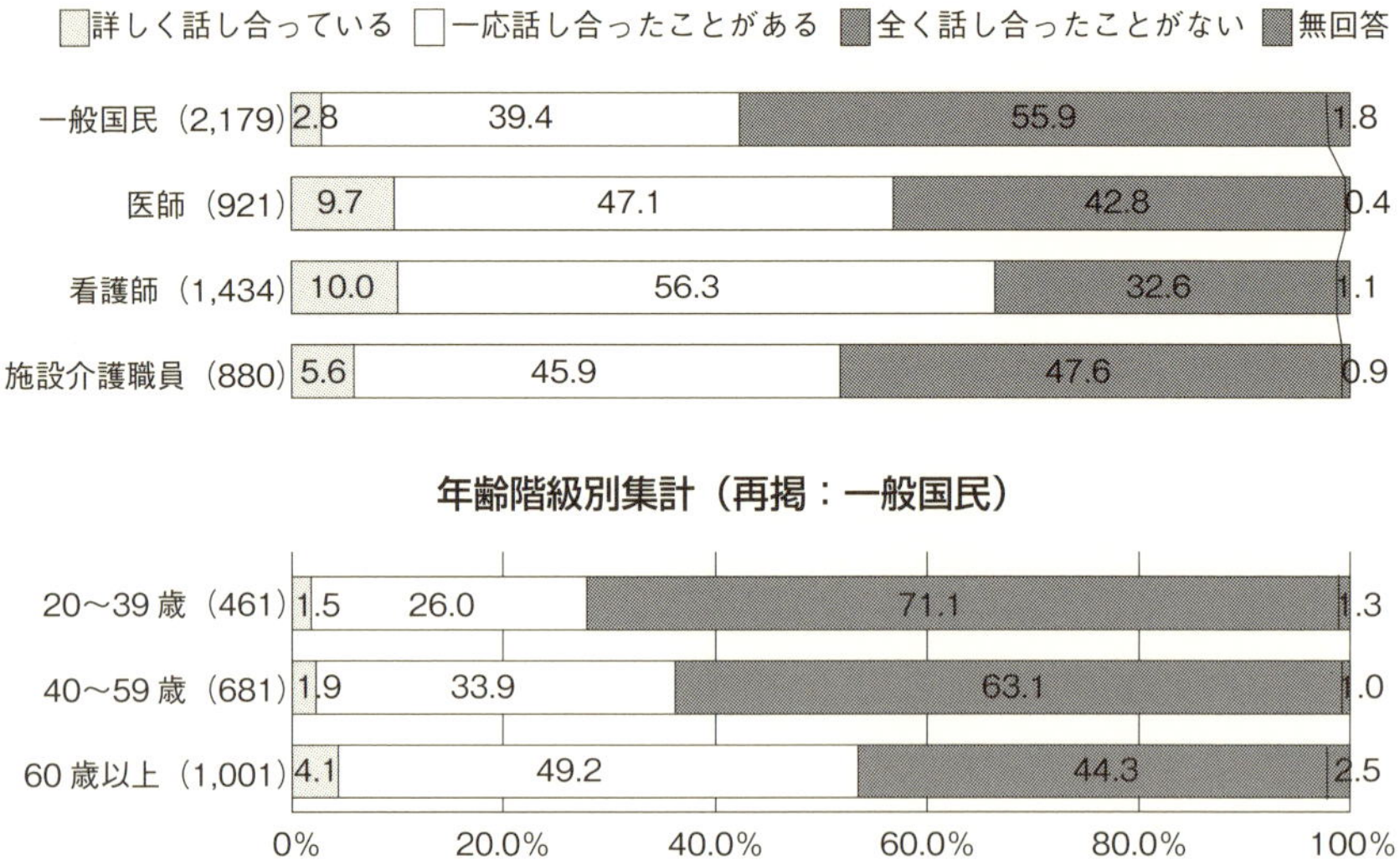

出典：厚生労働省・終末期医療に関する意識調査等検討会（2014年）「人生の最終段階における医療に関する意識調査」

医療に関する意識調査等検討会」二〇一四年三月）。死という問題を、家族で日頃からどう話題にできるか。

「私たちが行なっている日頃からの市民啓発活動として、いつか来る終末期に備えましょう、備えがなければ最期は悲惨な人生になってしまうかもしれない。胃ろうを望むのかどうか、そのときどんな人生にしたいのか。考えにくいし話しにくい話題を提供し、そうなる前に家族も備えておく。

そのために、いろいろな悩みを聞くことも医療者の重要な取り組みではないか。地域の団地で、住民の人たちとの勉強会をし話し合うようになりました。月に一回、四回で修了する。毎回二〇人くらい集まります」

一回目はいま不安なことを話し合ってもらう。すると普段は軽く挨拶するくらいの人が同じ悩みを抱えていることが分かり、地域のきずなが深まっていくという。二回目は訪問診療や、訪問看護の実際を説明する。三回目は在宅で看取る場合、どんなことが大変だったか、経験者に語ってもらう。自分の不安を明らかにし、経験者の話を聞き、最後にいずれそうなることに備え、エンディングノートを書くとしたらどうなるか、という話をして終わる。そんな取り組みをしているのだという。

在宅でのホスピスケアについて

相河明規医師に再び訊ねた。医師は、ケアタウン小平クリニックに赴任する前、ある地方都市のがんセンターの緩和ケア病棟に勤めていたのだが、そこで、病院医療の限界や制約を感じ、山崎医師のもとに移った。このあたりの経緯について知りたかった。

「ぼくが感じたのは、病院が、本当に人を看取っていく上でふさわしい場所だろうかということでした。リスクマナジメントしたり、治験（薬の効果をテストすること）をやってみたりするのですが、それが本当に本人や家族に寄り添っているケアなのかと疑問に感じることがありました。病院では気づかないことが在宅にはたくさんあり、ホスピス緩和ケアを極めたくて、ケアタウン小平クリニックに移ることに決めました。二年目になります」

相河医師は、ビハーラ医療団のメンバーになっていて、前節で報告した田代俊孝氏の紹介で、取材に伺うことになったのだった。相河医師もまた実家が寺院だったことでビハーラ教団との接点ができた。そして田代教授と同じように、仏教の教えを直接ホスピスケアに用いることを目的としているのではない、と述べ始めた。

「自分自身が命に向かいあうときに、どうすればいいのか、人を看取ることは、科学がどれほど進歩しても、同じ〝人〟にしかできない仕事だと思うし、どう命を捉えるかということが大事なのだと思います。例えば命は自分のものだと思っているけれど、本当にそうなのか。そのように、仏教は自分に語りかけてきます」

緩和ケア病棟と、在宅でのホスピスとの大きな違いはなんだろうか。筆者は訊ねた。

「ここに来て、家族との面談のとき、家族が家で見たいというのを聞いて、当初は、本当に大丈夫なのだろうかとよく思いました。緩和ケア病棟には、家では家族が見ることが難しい介護度の高い、苦痛も強い患者を、在宅では家族がしっかり介護でき、苦痛の軽い患者を見ている。そういうものだろうとどこかで思っていた。そうではなかったのです」

在宅ケアを始めてみると、家族が段々成長していく。

「ケアの力がついていくのです。ぼくは、こういうふうに変わっていくことができるのか、人を看取る力はだれでも持っているし、それをどう引き出すことができるかが医療者の役割だ、最初からこの家族に看取れるかどうか、それ

相河明規氏

を医師が決めるなんてとてもおこがましいことだと感じました。看取りの主役は医療者ではなく、本人であり家族です。そこはホスピスケアを学んできたからこそ、気づいたところだと思います」

医療者はどうしても自分が診る、自分が治す、と考えがちであるが、患者や家族になにができるかを見守り、サポートする、その重要さを理解することが緩和ケアに携わる医療者にとって大事なことではないか、と相河医師はいう。

「家族にはそれぞれ様ざまな事情があり、病院では視えない家族の内情も、在宅ケアをすることで視えてくることがたくさんあります。社会の縮図のようなものをいろいろ感じます」

山崎医師が引き取って、次のように言った。

「日本の医療や介護が辿ってきた道は、介護保険ができることで家族介護から社会介護に転換しようということでした。私はそのポリシーや理念はすばらしいと思っていますし、さらに充実させていかないとならないのですが、一方では、介護や終末期の医療を〝事業優先〟にしてしまっているところがある。これは残念ながら事実なのです。

私たちが以前から取り組んできたことは、残された時間が限られていたり、どんな状態になったとしても、どう本人の尊厳を守るかということでした。ホスピスケアというのは、要は**尊厳を守るケア**なのです。くり返しになりますが、人間の尊厳とはその人の意思が守られ、その人が一人の人間として尊重され、大切にされていると感じられる状態でもある、と思います。そういう医療であれば、がん、非がん、変わらないわけです」

地域包括ケアシステムではなぜ多職種が連携するか。医療・介護・福祉がチームを組んで、その人の終末期の尊厳を守るためではないか。そう述べ、冒頭で述べたテーマに改めて触れた。

「**人生の最期の尊厳は、医者だけでは守れません**。医者はいまの状況と、起こりうることは説明できる。けれども、人生の最期をどう生きるかということになったら、家族を始め、介護福祉や行政福祉の人など生活支援の人たちの力も合わせ、みんなでその人を守っていかなくてはならない。地域包括ケアシステムの狙いはまさにそこにあるわけですから、出発点は本人の意思であり、その人が人生の最期をどう生きるかを支える。

自分の意思を、チームのみんなが守ってくれることが分かれば、孤立しているとかみじめだとか、辛いままで終わることはないのですね。いくら連携だ連携だと言っても、肝心の本人の意思が見えてこないとスタートできない」

地域包括ケアシステムとコストの問題

ところで、この二年ほどの間、取材を続けながら疑問に思えることがあった。その一つが、国は地域包括ケアシステムを推奨しながら、それがどれくらい社会的コストの削減につながるか、経済的メリットがどこにあるか、そのメッセージがほとんど届いてこないことだった。

患者本人にとっても、在宅医療や在宅看取りが言われながらも、その経済負担がどれほどのものとなるか、どんなメリットがあるのか、はっきりとした情報は受け取ってはいないだろうと思われた。この点が示されれば、終末期ケアのあり方に、もっと関心が向くだろうと思われた。しかし（筆者の情報収集力の不足によるのかもしれないが）、はっきりと試算をして示したデータが、いまのところほとんどないのである。

そんなとき、産経新聞の「正論」WEB版に、山崎医師が執筆した「多死社会の到来」とタイトルされた記事で触れられており、この点も伺いたいことの一つだった。

山崎医師は言う。

「例えば在宅医療では、収入にもよりますが、七五歳以上の後期高齢者でしたら負担上限は一万二〇〇〇円です。毎日訪問医療が入っても、この上限は変わりません。在宅療養には介護保険も必要ですが、要介護5も一割負担の場合、介護保険の枠内であれば、その自己負担は最大で約三万六〇〇〇円くらいです。

緩和ケア病棟と在宅との違いは、病院では、医療と介護の両方を合わせていますが、在宅の場合は医療保険と介護保険はべつです。病院で個室に入ると差額負担が生じますから、それは医療保険とは別の自己負担になります。

緩和ケア病棟で、入院三〇日以内の場合、その入院費用は約一四七万円になります。在宅緩和ケアで、訪問診療と訪問看護を包括した在宅がん医療総診療料を算定した場合、多くの場合、三〇日ですと四九万五〇〇〇円になります。これに、一番重度な要介護5の介護費用、約三六万円を追加し、さらに薬剤費分を追加しても、その在宅療養費はおそらく最大でも一〇〇万円前後だろうと思われます。個人負担は、それぞれが加入している医療保険によりますが、高額医療費軽減制度などを利用すれば、そんなに差はないと思います」

三〇日で比較した場合、社会負担としてみれば在宅療養のほうが約五〇万円ほどのコスト減となるというのが、山崎医師の示した試算だった。

「在宅で丁寧に見ていけば患者さんの満足度も高いですし、家族の達成感もあって、社会のコストも低くなる。コスト減となる差額分を、われわれの眼から見れば、在宅でのケアを充実させるために使ってもいいのではないか、と思います。医療コストの比較にはいろいろな側面があって、単純には行きませんが、保険制度から見ると本人の負担はそんなに大きくないのです。

国がコスト削減を前面に出すと、様々な批判がありうるでしょうが、**満足度の高い在宅緩和ケアのほうが結果的に、社会的コストが少ない**ということです」

たしかにこの点は、はじめに経費削減ありき、の議論にならないような、慎重な論議の必要なところだと筆者にも思えた。

在宅ホスピスケアのこれからの課題

締めくくりが、相河医師のような若い医療者に、どうすればもっと在宅ホスピス緩和ケアに関心を持ってもらうことができるか、という人づくりの話題になっていた。

「相河先生は緩和ケア病棟での経験もあり、仏教をバックグランドにする医療者でもあり、とても心強い仲間です。終末期ケアにあって何を守りたいかは、私たちは共通しています。病院の医療だけではなく、具体的な在宅医療の中に入っていって、そこで何が大事なのかを学んでいただき、医者として色々な現場で発揮していただきたいと思います」

そして山崎医師は、在宅医療には、病院医療とはまた違う価値観があると指摘し、次のように述べた。

「病院では、安全優先と、人員配置などの問題もあり、管理の側面がどうしても強くなる。夜は患者さんに静かに寝てほしい。ベッドから転落して怪我をされたら困るから、睡眠剤をたくさん使うことも、家族の了解のもとに、拘束してしまうこともある。

でも在宅であれば、そこは家族と患者さん自身が管理する空間だから、その場で起こることは自分たちの責任です。少々寝なくても今日はいいということになれば、あえて薬を使う必要はない。動いてベッドから落ちるんだったら、一晩付き合うと腹を決めれば、拘束する必要はない。在宅はすごくフレキシビリティ（自由度）があります。

在宅医療の経験がない医療者は、病院の管理的医療を在宅でもやろうとするかもしれません。そうすると無理が生じてくる。相河先生はここにきて二年経ったわけですが、たぶん相河先生のなかでは、いろいろな変化があるのかなという気がします」

相河医師が次のように言った。

「ここにきてから、使用するモルヒネや睡眠剤の量が、はるかに少なくなりました。緩和ケア病棟と同様の状態の人を診ているのに、薬の量が違う。山崎先生が言われたように、病院は何かあるとすぐに薬を使い、そして量が増えていく。家族が家で看ていれば薬を使わなくて済むことが結構ある。薬の量が少ないのは、苦しいのに我慢しているからではないかというと、そうではないのです」

シロウトなりに、よく分かる話だった。これからどんなことを課題として取り組んで行きたいか、と筆者は訊ねた。

山崎医師は言った。

「課題はたくさんありますが、いまの、我々の取り組みをよく知ってもらうための現場の実践報告をしていきたいし、身近な地域の人たちの啓発も大事だなと思っています。医者や看護師の役割を紹介するだけではなく、その取り組みを通して新しい地域社会の構築という面もみえてきた気がします。それは病院にいて、自分たちのテリトリーだけで医療をやっている人たちからは決して見えない側面です。

我々はすべてアウェイなんです。アウェイで展開していくためには、どうしたって相手を尊重せざるをえない。そうなると今度は、地域の人が我々を応援してくれるようになる。地域包括ケアは、専門家がアウェイで活動していくことです。患者さんたちはホームグラウンドにいるわけだから、当然、主人公でいられる。病院は、患者さんがアウェイになるから、どんなにいいケアをおこなったとしても、アウェイでしかない。そうすると、やはり心からの安心は得られないのではないか、ということですね」

山崎医師のいう「多死社会の到来」という言葉が、改めて筆者のなかであるイメージを結び始めていた。どんな人生の閉じ方にいたるのか、その最後のところは、おそらくは自分では選べない。誕生が〝絶対的受動〟であり、生まれてきた時も所も選べなかったように、**死もまた〝絶対的受動〟である。しかしだからこそ、早くからの〝備え〟が重要になる。**そんなことを改めて学ばせてもらった取材だった。

第5章

「認知症七〇〇万人時代」の「老い」のゆくえ

「介護殺人」と新幹線焼身自殺事件を手がかりとして

老人クライシスは経済問題か？

「認知症七〇〇万人時代」だからこそ「生老病死」をあらためて考えてみる

自分の「老い」を受け入れがたい

客　本書のしめくくりは〝対話〟でまとめましょう。

ここのところ、社会的に「老人貧困問題」がホットな話題になっています。とくに眼につくのが、貧困老人・下流老人、孤立死（孤独死）、介護難民・医療難民、老後破産、老人漂流といったテーマです。ときには、ストーカー、万引き、恐喝まがいのクレイマー、児童買春など、高齢者による犯罪行為の多発も指摘されるようになりました。最近目にしたニュースでは、オレオレ詐欺の末端構成員（出し子）として逮捕されたのが、六〇代後半の男性でした。この本では取り上げていませんが、どうしてなのでしょう。

主　他の皆さんと同じことをやっても面白くないし、悲惨

な将来予測ばかり並べても元気は出ないでしょう。むしろ、**老人の困窮問題とセットになるように、若年層の雇用問題や貧困問題がもう一方にあり、**片方だけにスポットを当てて論じて言っても、逆に矛盾が大きくなるだけではないか、と感じていることです。

ただ、私なりに思うところはあって、六〇代から七〇代の多くのひとたちが、これまでとは性質の異なる〝生きにくさ〟のなかに置かれていて、それは募りこそすれ、楽になるということはまず考えられない。**生きる環境や条件がどんどん悪化していくばかり**だというのが、圧倒的な実感です。これは私の個人的感覚というよりも、おそらく共通しているのではないでしょうか。「人生の閉じ方」の前に、まずこの問題がある。

理由めいたことを考えてみると、現代社会は、自分自身

の「老い」を受け入れることが、とても面倒なことになっているのではないか。〝見た目年齢〟やらアンチエイジングが花盛りです。健康で若さを保っていることは大事なことではあるけれど、いまやあまりにも「健康寿命」とか「元気老人」とか「見た目年齢」とか強調されすぎませんか。これはさきほどの、犯罪に手を染めるダーティー老人と、表裏一体の関係です。つまり「高齢格差社会」の裏と表が、こんなかたちで表れている。

もちろん、余計なことは考えず、趣味でも仕事でも、仲間づきあいでも恋愛でも、やりたいことをやりたいように、旺盛にやっている六〇代七〇代がおられることは知っています。ただし、それはごく一握り。一般大衆老人の多くは、そうではない。たとえばある層は、お金をそれなりにもっていて時間もある、しかしやりたいことがない、なにをしていいか分からない。無為に時間が過ぎていき、焦慮と無力の塊になっている。またもう一つの層は、年金でぎりぎりの生活を余儀なくされ、日中、することがない、あったとしても先立つものがないために何もできない。

これでは不安の塊になる。抑うつ症状も、ひときわ進むでしょう。いまの六〇代七〇代は、昔よりもはるかに健康な体をもつ人が多いゆえに、性的な問題を含めて、**生きることの退屈という〝業苦（欲）〟に苛まれる**ことになる。——これが、現代の六〇代七〇代のマジョリティではないかと思うのです。若輩が、偉そうですが。

客　話が飛びますが、少し前に刊行された**村上龍**の『**オールド・テロリスト**』（文藝春秋）では、まさにいまのようなご老人たちの生態が、現代社会の喩として、グロテスクにデフォルメされて描かれていましたね。カラオケに通うにしろ何にしろ、何ごとかに打ち込んでいればいいたで、そこから何やらただごとではない気配が漂ってくる。何もすることのないご老人、意思を奪われたようなご老人が、修羅のような内面を垣間見せたりする。それに比べて、オールド・テロリストたちの健康さ。そんな小説作品でした。

主　そう。龍さんは、「老い」が嫌いなのではないと思いました。若かろうが老いていようが、自分の人生を自分で生きる、という意思を持っていない人間が、龍さんは嫌いなのですね。もちろん、自分の人生を自分で生きるということのもう一つ向こう側には、システムの問題があって、そちらも村上龍文学のメインテーマではあるけれど。

「新幹線焼身自殺事件」をめぐって

主　村上龍の話が出ましたが、「新幹線焼身自殺」事件が、二〇一五年の六月三〇日に起きました。時期を経ていますが、あの事件を取り上げてみたいと思うのですが、どうでしょうか。自殺ではありますが、巻き添えで一人の方が亡くなっています。状況をもっとも詳しく描いていた記事は、私の見るところ、七月一日付の「秋田さきがけ」でした。長くなりますが、印象深かったところを引用させてもらいます。

《東京駅を30日午前11時に出発した東海道新幹線「のぞみ225号」の1号車（自由席）で、乗客が不審な男を目にし始めたのは、11時20分ごろに新横浜駅を出た後だった。／「拾ったからあげる」。1号車最前列に座っていた60代女性に、男が千円札を数枚差し出した。断られると通路をうろつき始めた。「たばこをどうだ」。そう声を掛けられた乗客がいらないと応じると、男は言った。「危ないから出ていけ」／6列目にいた男性（58）は、男の動きを目で追っていた。「後ろから歩いて来て、先頭のデッキで折り返し、空席があるのに通り過ぎた。1～2分後にまた戻ってきて、デッキの中に入っていった」。席を探す様子はなかったという。／次に自動扉が開いたとき、男は右肩に白いポリタンクを担いでいた。「洗剤かな」。ところが男は、右肩からピンク色の液体をかけ始めた。「焼身自殺だ。」最前列にいた男性（28）が持っていた携帯電話にはしぶきがかかった。／千円札を差し出された女性は「やめなさい」と諭したが、男は「あなたも逃げなさい」と返しただけだった。／男の足元から床に広がる液体は、きつい臭いを発していた。「ガソリンだ」「灯油だ」「逃げろ」。弁当を広げたり、パソコンでメールチェックをしたりしていた乗客が一斉に席を立つ。無表情の男が自ら火を付けるとオレンジ色の炎が広がり、姿は煙で包まれた。／（略）／神奈川県警によると、男は職業不詳林崎春生容疑者（71）。近くにはリュックサックが置いてあり、中にはたばこ、歯ブラシ、ティッシュペーパーなどが入っていた。》

ガソリンの入ったポリタンクは、リュックサックに入れていたと言います。他にもまだ細かな指摘があるのですが、この記事を読んである連想が、とっさに湧きました。

客　なるほど。村上龍の『オールド・テロリスト』ですね。事件の少し後、ブログに本の感想を書いていましたね。

主　はい。この事件の後、『オールド・テロリスト』を読み、驚きました。文学作品の文体と、記者の書く記事の文章は密度が異なるから、安易には同一視できないのだけれど、『オールド・テロリスト』のどこかにこのエピソードが挟みこまれていても、まったく違和感がない。そう感じました。

客　なるほど。焼身自殺した男性が事前に『オールド・テロリスト』を読んでいた、などということはないでしょうが、指摘されてみると、物語の延長にあるような、現代に固有の〝リセット感〟を感じますね。来るところまで来てしまった、もうリセットするしかない、みたいな。

主　さっきも少し出たけれど、あの作品は、**老人たちの絶望や、焦慮や怒りが沸点まで達し、いつ暴発してもおかしくない、という現代社会の寓話**ですね。新幹線焼身自殺事件は、そのフィクションと現実の境界を突然破壊されたような、後味の悪さとか不気味さがなかなか抜けなかったのです。逆に村上文学が現実に浸食してきたといってもいいのだけれど、いずれにしても、現実とフィクションがシンクロしてしまったような錯覚が抜けなかった。

二人の村上の「老い」の扱い方

主　「村上龍の文体は劇画化している」とか言われているみたいだけれど、そうではないと思う。彼に独特の喩や寓意を維持しながら、ノンフィクションの文体をとりこんでいるんだと思う。

文学論議になってしまうけど、『五分後の世界』まではまだ文学的寓意性が勝っていた。『共生虫』から『希望の国エクソダス』に進むにつれ、フィクションと現実の境界がどんどん小さくなっている。村上龍的な寓意世界と、現実世界での出来事が、シンクロしながら同時進行している。そんな印象を強くもってきました。いっとき、フィクションとノンフィクションの距離を思い切り縮めた〝ノンフィクション・ノベル〟というタイプの小説がもてはやされたことがあったけれど、それとも異なります。小説に対する根本的な考え方が、違うのです。

それからもう一つ『オールド・テロリスト』の感想に引っ掛けて言えば、龍さんは「老い」というものに対して屈託がないというか、通常であれば近づきたくない問題も、すべて小説のテーマや素材として取り込んでいく。「老い」

も「身体障害」も、自分にとってどちらも受け入れ難い、とぐずぐずと考えているくらいなら、それをテーマにどんな小説が書けるか、むしろそちらに関心やエネルギーを注ぎ込んでいく。そのことに小説的想像力を駆動させていく。人間がどんなにハンディキャップを背負いこんでも、小説作品の新境地を切り開くエネルギーに変えてしまう。そんなタフな作家であることを改めて感じました。

つい比べてしまうけど、一方の春樹氏はと言えば……。

客 「老い」に対して徹底的にガードしている。周到に準備していると言えばよいか。……。ああいう作風だからかもしれませんが、素材やテーマを厳しく選別しますよね。

主 そんな感じがします。春樹氏は、エッセイ集でも強調していたけれど、長編小説を毎日書き続けるにはかなりの体力がいる、だから毎日ジョギングをつづけているんだ、とくり返していましたね（『職業としての小説家』）。身体の鍛練は、たしかに長編を書き続けるためではあるでしょうが、一方で「老い」や「衰え」に抗っているんだとも思う。周到に用意をし、心身の老化をできるだけ食い止める鍛錬を怠らずにいる。この点でも、まさに三島由紀夫的ですね。

ともあれ、焼身自殺を選んだ場所が東海道新幹線。これまで人身事故は皆無で絶対的安全を誇っていた新幹線が、よくぞ壊滅的な事故に至らなかったものだ、とぞっとしました。不謹慎な言い方になるかもしれないけど、新幹線自爆テロですよ。もし、より悪質なテロの標的になってしまったら、ひとたまりもない。日本の安全への信頼が一気に壊れてしまう。原発がダウンし、次に新幹線システムという主要な交通網がダウンして信頼を失ってしまったら、それこそ日本は、取り返しがつかないダメージを受ける。

男性はそこまで考えたわけではなかったかもしれないけれど、少額の年金以外の収入を閉ざされた男の無意識が、日本で最大の信頼を誇る新幹線システムの破壊に向かったということは、かなり深読みしたくなる事態です。

現代の業苦と社会システム

客 確かにそうですね。文字通り、日本国は危機一髪のところで大惨事を回避した。ぼくらもメディアも、もう忘れているけれど、秋葉原連続殺傷事件など、近年言われていた〝巻き込み型殺人〟の典型であり、戦後最大の被害を出しかねなかった。しかも焼身自殺の原因が、生活苦、将来への不安と不満。あの程度の年金の額では暮らしていけない、と苦にしたことによる。

ウェブサイト版の『週刊朝日』によれば、三五年間国民年金を払い続け、手にできるのは月十二万円。生活保護費よりも低い額しか支給されない。それまで空き缶の回収をやって生活費用に充てていたけれど、春からはそれを辞めざるを得なくなり、年金だけの生活になった。国民健康保険や住民税で月六万ほど引かれ、残る金額が六万。どうやって生活をしていくのか、と周囲に不安、不満を漏らし、相談をしていたといいます。

主　この男性のやったことに弁護の余地は一切ないのだけれど、引用した記事にあるように、灯油をかぶる前に、見ず知らずの人間に数枚の千円札を差し出したり、たばこを勧めたり、危ないから出て行けと言ったりしていますね。ちぐはぐな感じがするけれど、逆にちぐはぐな分、すごくリアリティがある。ここに現代社会の泥沼のような閉塞感を感じ取れないで社会発言をしようなどという御仁は、とっとと退場したほうがいい。そう感じさせるような事件でした。

客　年金の少ないのが不満で死ぬんだったら、一人で、他の人に迷惑をかけない死に方をすればいいじゃないか。多くのひとは、そう考えるのではないでしょうね。

主　それが一般的で、常識的な考えでしょうね。でも、凡庸ですよ。三五年間、地道に生きてきた自分の人生を否定された、とこの男性は感じた。あまりに少額すぎる年金は、自分の人生を否定するシンボルであり、怒りや不満を、ある種の義憤に転化しなくてはならなかった。そこで新幹線で焼身自殺し、社会に発信しなくてはならなかった。もちろん肯定しているのではありませんよ。でも、義憤なんですよ。

二つ目の感想は、公的年金という社会保障が、不公平感を作り出す最大の要因となっている。このことを、改めて痛感しました。超高齢社会とか、少子化社会と言われる現代社会の最大の特徴は、**どれだけ制度を調整して対応しても、得をするのは一部の人間だけだ、という不公平感**は膨らんでいくばかり。いまのところ、手の施しようがない。

客　むしろそれは〝格差社会〟の、特徴ではないですか。

主　そうなんだけど、資本主義という経済システムは、豊かさを生むとともに、資本の集中をも導きますね。すでに資本主義システムそのものの中にインプットされている。豊かな消費社会は高齢社会をつくり、少子化を必然とし、やがて格差社会をつくる。雇用が悪化するわけです。すると今度は逆に、集中された資本・富が格差を作れば作るほど、少子高齢化は加速する。少子高齢化の加速は、資本や富の集中をますます増大させる。

少子高齢化が加速するということは、回り回って雇用条件が悪化していくことの別の側面です。そういうことで、みんな絡み合っている。

客　先ほど、六〇代七〇代が、三つの層に分かれているという指摘がありましたね。六〇、七〇になっても経済的に不安がなく、現役として社会的使命を持ちえている層。経済的にはそれなりに保障されているものの、仕事をリタイアしたとたん、なにもすることがない、と生きていく目標や意欲を喪失している層。そもそもの経済的基盤が不安定な困窮層、というように。

経済や社会保障の専門家にも、今後も格差は止められないし、いまのところ、それを止める手立ては見いだせていないと思います。したがって、この三番目の層が今後、さらに増えていくと推測されています。最初に話の出た下流老人、老後破産、老人クライシスの増大。ますます深刻化していくだろうという予測ですね。

老人クライシスの実相

主　でも、いまメディアがさかんに煽っているほど、老人クライシスが増加していくのかどうか。わたしは慎重に見ていきたいけれども、仮にそうだとして、クライシスは経済の問題だけだろうか。経済だけで語られ過ぎていないか、という不満がある。現実的にはあり得ない話だけれど、経済的不安定層にたいして、どんどん生活保護費を受給させていったとすれば、老人クライシスは軽減されていくんだろうか。新幹線で焼身自殺した男性は、生活保護を受給できていれば、自殺などをしないですんだのだろうか。

客　うん？　経済基盤と住まいは、人がひととして生きていく最低の条件だから、もし不安が解消されたならば、死ななくて済んだかもしれない。少なくとも回避された可能性は高まる、とはいえませんか。もちろん、ご本人の真意など分かるはずはないけれど、いま知り得ている情報から判断する限り、そうなりませんか。

主　私は、公的年金とか生活保護といった社会保障を否定しているのではないですよ。けれどもこの男性が七一歳になってアルバイト仕事を辞めたとたん、急に将来が不安になり、年金への不満が募り、怒りを覚え、抑鬱にさえなった（という報道もありましたね）、というのは、経済的要因だけによるのだろうか。

客　何が不安を解消するのか。それは、あなたがいま進めているある支援現場での、支援論の最大の要めである「互助」論が、つまり人とつながり、地域とつながって地域互助になり、そのなかで暮らすことの重要性、というところに話がいくのではないですか。亡くなる直前に千円札を上げようとしたり、タバコを勧めたり、といった最後の行動は、一見不可解なようにも見えるけれども、そのあたりの事情を伝えていませんか。この男性の最後のシグナルだったわけでしょう。

主　その通りだと思います。それはそれで、そういう理解でいいんだと思うのですが、どういえばいいのかな。

客　他者とつながるとか、そういう話でもないわけですか。……何を言おうとしているのか、いま一つ見えてこないのですが。

〈隠遁〉も〈隠棲〉もできない現代

主　こういったらいいんだろうか。私たちの「老い」は、市民社会にたいしてどんな位置を取ろうとも、特別な意味を持ち得なくなってしまった。ひとしく、「市民」としてカテゴライズされ、市民社会の制度が保障する〝社会サービスのなかで生きる〟という以外の選択肢は、なくなってしまった。

飛躍してしまうけど、例の男性が新幹線で焼身自殺をしなくてはならなかったのは、〈隠遁〉も〈隠棲〉もできなくなった現代社会に固有の「死」のあり方ではないか、ということです。〈隠遁〉はできず、〈隠棲〉もできないがゆえに「老い」が市民社会のなかで追い込まれ、あんなふうな形を取る以外にないところまで、その「老い」が男自身を追いこんでいった。そういうことなんだと考えたいわけです。もちろん、許し難い行為ですよ。でも、市民社会への若干の違和感をもつ身には、他人事とは思えないものがある。

客　老いて、社会から忘れられて、なかば生きていないも同然になって、そして死にランディングしていく、というプロセスをとることが、とても難しくなった。

主　そう言ってもいいですね。隠遁とか隠棲は、もうできないのです。隠遁させてもらえない理由は、福祉や介護も、医療も、司法（権力）も、市民一人一人が生きている限りまなざしを注いでくる。そのまなざしを市民社会の隅々にまで届かせようとしますね。近代社会をつくるシステムは、そういう力学をもともと持っている。

医療の届かないところで起こる死は、たとえば孤独死や餓死であり、自殺であり、それらは「変死」とか「不審死」とカテゴライズされているわけですね。そしてそこにはすぐに司法が介入して、検視をし、その死を、市民社会の現象として管理するわけです。

あるいは、「高齢・老い」や「病気」「障害」もそうです。介護予防やリハビリ、訪問医療、介護・生活支援、生活保護、年金支給……といったかたちで福祉や社会保障が、やはり市民生活の隅々にまで入っていこうとする。困っている人（市民）を探し出し、自分たちのまなざしの届くところ（市民社会）におこうとする。

客　それが、あなたが専門としている対人援助というやつじゃないですか。だいたいこの本のテーマがそうでしょう。

主　もちろん社会保障である福祉や生活保護や年金制度は、人が安全で、人としての尊厳を持って生きていくための最小の社会装置ですから、整備されていくのはとても大事だということは間違いない。その点にたいしてはまったく異論はないのです。批判したいのではないのです。

福祉や社会保障の基礎的な考え方は、ヨーロッパ輸入のものだけれども、日本でも、「講」やらなにやら村のしきたりをつくって、それを互助というかたちにしてセーフティネットをつくっていた。そして良寛のように、そこからはずれる人が、村の外れに居を構えることで、〈隠遁〉者として生存を許された。それが明治以降、現代のような形に整備されてきた。

しかしどれだけこの**社会装置が整備され、行き渡ったとしても、それだけでは解決のできない何事かを、人間存在は抱え込んでしまう**。それが「老い」を深く抱え込んで行くということではないか、という気がするのです。

例の男が、人に迷惑の及ばない場所での死ではなく、新幹線などというとんでもないところを自分の死に場所として選ばなくてはならなかったのも、その抱え込んだものの不気味な深さを示しているように感じられるのです。老いの問題は、福祉や社会保障や医療といった近代の制度だけでは、どうしても届かない〝闇の深さ〟というか、人間が抱えてしまう〝業の深さ〟というか、「市民」であることとのギャップをもたらしてくる。

ストーカーとか、恐喝まがいのクレイマーとか、万引きとか、多発しているというご老人の犯罪にしても、同じなのではないか。人間の持っている〝業の深さ〟そのものなんであって、誰も笑えないだろうと思います。

自殺した男性は、「こんな額の年金じゃ暮らしていけない」という言い方をしていたけれど、この言葉と、走っている新幹線のなかでガソリンをかぶって火を付ける、という凄絶な事実との間の裂け目。その大きさが、**私たちの「老い」が抱え込んでしまうものの、得体の知れなさ**だと思う。

誰もが抱え込みうる〝地獄〟

客 現代〈隠遁〉生活のすすめ、ですか？

主 いや、どっちに転んだところで「いづれの行もをよび難き身なれば、とても地獄は一定すみかぞかし（歎異抄二）」ですよ。

私は〝**支援する人への支援**〟**として、ケア論**を書いたりしている身だけど、その一方にはこういう死に方もある、地獄そのものを垣間見させるような、こういう死にざまを取ることもある、どうしたって届かないところはあるんだ、ということは、肝に銘じておきたいと思う。どこまでうまく言えたか分からないけど。

客 経済だけかって訊いたのは、そういうことが言いたかったわけですね。

主 取って付けたような締めくくりになるけど、「認知症七〇〇万人時代」を、これから老いとともに生きて行かないといけない男が、こんなふうにして、市民社会の住民であることと、時代の価値観のすべてを拒否するようにして、死んでいったわけです。時速三〇〇キロで走るという現代社会そのもののシンボルであるような東海道新幹線を道連れに選んで。

もう一方で、「認知症七〇〇万人時代」に、これからの老いを支えて行くはずだった二〇代の若い男が、川崎で、およそ信じ難い事件を起こしてしまう。介護施設での殺人事件がありましたね。

断言していいけど、この若い男は、介護技術が、恐ろしく未熟だったと思う。相模原での事件もそうですね。私はまだ相模原の事件について語る言葉をもたないけれど、また、これまで流布されたナチズムとか優生思想とかヘイトクライムなどの概念であの事件のすべてを語りうるとも思っていないのだけれど、いずれにしても、自分自身の職業人としてのスキルを磨く機会を、職場から与えられていなかったし、磨いてくれる同僚や先輩もいなかったんだと思う。あるいはどこかで、自らが拒絶したんだと思う。話を戻すけど、施設で、そういう心理的に孤立を強いられた中でたった一人で夜間介護なんかやっていたら、憎悪が澱んでくるのは避けられない。

介護やケアは、人とつながりながらやっていかないと、徒労感と無力感の塊になる。ひととつながるということは、じぶんのなかに湧いてくるネガティブな感情や泥のような疲へい感を、解放させていくことだからね。

だから新幹線の男性も含め、三人が抱え込んだ〝地獄〟は、ひょっとしたら同じものだったかもしれない。しかも、いつどこで、誰が抱え込むかも分からない。そんな代物のような気がする。

「認知症七〇〇万人時代」をどうやって老い、生きていくか。人生を閉じていくか。その問いをめぐるように多くの方に会い、たくさんの現場の報告をしてきた最後がこんなまとめで、いささか忸怩たるものはあるけれども、ここはしっかりと見ていかないといけないと思っていますね。

おわりに

本書は、まずはケアの本であり、それを地域でより有効に、より明るく前向きにおこなっていくための、システム作りを提唱する本である。なぜ明るく楽しくか。ケアの対象となっている方々の過半は、すでに人生の務めをあらかた終え、間もなく、長い長いお訣れに入ろうかという方々である。残りの時間が、もう多くはない方々である。

そうであるならば、ケアをされる側もする側も、できるだけ明るく前向きに、残された時間を共に過ごしたほうがよろしいのではないだろうか。わたしはそう考える者である。

「介護の辛さ、苦しさをお前は知らないから、そんな気楽なことが言えるのだ」と、お叱りをいただくかもしれないが、しかし辛さや苦しさと、明るく前向きに、という姿勢は両立する。ケアが辛くて苦しさの多い営みであるからこそ、明るく前向きに取り組んだほうが、はるかにいいのではないか。わたしはそのように考えているのだけれども、やはりこれは甘いのだろうか。

ただしそのためにはケアする側に、いささかの工夫と、物事にとらわれない自由な発想がいる。工夫と発想がどのようなものかは、本書にご登場いただいている方々のメッセージから、あるいはプロフェッショナルとしての気概と姿勢から、ぜひとも読みとっていただければと願う。文中では「明るくて前向きなケアを」、と直接謳ってはいないけれど、それが本書の通奏低音である。家族が、あるいは援助者が、明るく前向きな姿勢を自身のものとしていくことと、ケアの技量を積み上げていくこととは、同じことの表裏ではないかと思う。あるいは、必要にして十分な条件ではないかと思う。

＊

横道にそれるが、あの衝撃的な相模原の津久井やまゆり園での事件の直後、真っ先に発信しなければ、と感じたのはこのことだった。

過酷なケアの現場であればこそ、自分のなかの暗いところと孤立とをそのままにして、ケアをしてはいけないのではないか。――都内下町のある場所で、一〇年近くにわたってそんな内容のケア論議を続けてきた。自分たち生活支援の場からの「ケア論」をもつことが必要なのはどうしてか。なぜそれは重要なのか。そのようなケア論をスタッフたちと語り合い続けてきた。

会議に上げられてくるケースは、困窮・高齢・障害と疾病・単身独居というハイリスクを抱え持ち、加えて治療も社会サービスも拒否、という困難ケースも少なくない。現場の若いスタッフたちは驚くほど前向きでタフであり、むしろわたしのほうが刺激をうけっぱなし、というのがほんとうのところだろう。

ともあれ、明るさと前向きという特徴は、本書に登場していただくどの方々にも共通するのではないか、と思われた。

＊

ところで、編集、校正といった作業も押し詰まってきたある日、編集担当者とわたしとで、次のようなやり取りが交わされた。

まずはわたし。

「タイトルの『現場を歩く』はその通りで、看板に偽りなしだけど、『人生の閉じ方』入門のほうはどうだろう。わたしはまだ若輩であり、『人生の閉じ方』の入門書を書けるような、そんな立派なタマではない。すごくおそれ多いんだけど」

すると編集担当。

「いや、『人生の閉じ方』入門で行こう。登場していただいている医師の方たちの言葉が、看板に偽りなしになっている。だから大丈夫」

なるほどそうか、と簡単に説得された。たしかに本書における医師や学者の方々のメッセージは、「人生の閉じ方」へのアドバイスである。しかも、医師としての自らのキャリアと信念のもとで語られた助言である。そのことを考えれば、「人生の閉じ方」入門と付けても、大胆ではあるけれども偽りの看板ではない、と結論付けたのだった。

＊

もうひとつ蛮勇をふるったことがある。本章のルポルタージュの合間に、シロウトであることを省みずに、経済問題を挟みこんだことである。勘違いの大きな指摘になっていないかと恐れるが、わたしのお伝えしたいことは、とてもシンプルである。簡単にくり返すと次のようになる。

社会保障の財源をどう考えればいいのかという問題。

社会保障には、大きな世代間格差と世代内格差があり、その解消に向けて、どんな筋道で考えることができるかという問題。

地域包括ケアシステムを構築することで、医療費全体のコストカットに、どれだけ寄与するのかという問題。

大きくはこの三点である。そしてこれまでのような、経済成長が社会保障財源の安定を保証する、という考えは、いささか修正を必要とするのではないか。なぜならば、これまでにない超高齢社会だからであり、かつてない社会とそこでの難題を乗り切っていくのに、昔ながらの成功モデルに基づいた発想にしがみついていて、うまくいくほど甘くはないだろうというのが、シロウトなりにたどり着いたところだった。

あまり経済談議に走って、間違いの上塗りをしてはいけないので止めるが、福祉や介護や医療の各領域の課題にも精通したエコノミストが、上記のような経済問題について、その全体像を含めて論じてくれないか、と心待ちにしているところである。

*

最後になるが、お忙しいなか取材にお付き合いいただいたすべての方々に、心よりお礼を申し述べます。

本書の各原稿は、『健康保険』に連載のそれに修正を加えたものであり（第5章は『法然思想』に掲載）、連載時には編集担当の冨澤則亮氏にお世話になりました。また本文にも記してありますが、高橋紘士氏には取材先のアドバイスをいただき、そのご縁が広がり、本書にとって大きな力となりました。一つひとつお名前は出していませんが、本文でもその〝情報〟を、ところどころに潜り込ませています。

併せてお礼を申し上げます。

二〇一七年一月二七日

佐藤幹夫

[著者]
佐藤幹夫（さとう・みきお）
1953年　秋田県生まれ。1972年　國學院大学文学部に入学。1980年より千葉県の特別支援学校に勤務し、2001年よりフリージャーナリスト・フリー編集者として活動。87年より個人編集の『飢餓陣営』を発行。2014年より「飢餓陣営せれくしょん」シリーズを言視舎より刊行。
著書 『ルポ高齢者ケア』（2014年・ちくま新書）、『知的障害と裁き』（2013年・岩波書店）、『ルポ　認知症ケア最前線』（2011年・岩波新書）他。

編集協力………田中はるか
DTP組版………勝澤節子
写真…………『健康保険』編集部

雑誌「飢餓陣営」についてのお問い合わせ、お申込みは編集工房飢餓陣営まで。〒273-0105　鎌ヶ谷市鎌ヶ谷8-2-14-102
URL http://www.5e.biglobe.ne.jp/~k-kiga/

飢餓陣営せれくしょん6
「認知症七〇〇万人時代」の現場を歩く
「人生の閉じ方」入門

発行日❖2017年2月28日　初版第1刷

著者
佐藤幹夫

発行者
杉山尚次

発行所
株式会社言視舎
東京都千代田区富士見2-2-2　〒102-0071
電話 03-3234-5997　FAX 03-3234-5957
http://www.s-pn.jp/

装丁
菊地信義

印刷・製本
中央精版印刷㈱

ISBN978-4-86565-076-1 C0336

言視舎刊行の関連書

飢餓陣営せれくしょん１

木村敏と中井久夫

978-4-905369-98-1

「特集１木村敏と中井久夫」臨床をめぐる思想のあり方をさまざまな角度から検証。「特集２発達障害と刑事事件」刑事事件等にあらわれる「理解しがたさ」をどのように考え、そのうえで支援等の実践的課題にどう取り組むのか。

飢餓陣営・佐藤幹夫編・著　　Ａ５判並製　定価1800円＋税

飢餓陣営せれくしょん２

『宅間守　精神鑑定書』を読む

978-4-86565-007-5

特集１　大阪教育大学附属池田小学校事件、加害者の精神鑑定書について、鑑定人をまじえ多様なアプローチを試み、医療と司法のせめぎ合い、現代社会における「人格障害」等、多くの課題を見いだす。特集２は「生きづらさを支援する本」。

飢餓陣営・佐藤幹夫編・著　　Ａ５判並製　定価1800円＋税

飢餓陣営せれくしょん3

セラピーとは何か

978-4-86565-031-0

【緊急特別掲載】佐世保の事件と『絶歌』を読む（佐藤幹夫）。ほかに話題作・最相葉月『セラピスト』を現場のセラピストたちが読み解きながら、セラピストという存在、セラピーのあり方を検証。精神療法の第一人者・滝川一廣氏と討論会を収録、「こころ」の問題と現代社会の関係を探る。

飢餓陣営・佐藤幹夫編・著　　Ａ５判並製　定価1800円＋税

飢餓陣営せれくしょん4

「オープンダイアローグ」は本当に使えるのか

978-4-86565-045-7

「現場」で活用するための多角的な検証。薬物を使わずに効果を上げ、精神医療を刷新するフィンランド発の精神療法を紹介した『オープンダイアローグとは何か』（斎藤環　著・訳）を徹底検証する。話題の精神療法を読み解く。

飢餓陣営・佐藤幹夫編・著　　Ａ５判並製　定価1400円＋税

飢餓陣営せれくしょん5

沖縄からはじめる「新・戦後入門」

978-4-86565-057-0

いまこそ問う！「沖縄では憲法が機能していないのではないか？」「日本はどこまで主権国家なのか？」この歪んだ事態に向き合うために沖縄現地の声を聴き、「新時代」を導く思想と論理を提示する。加藤典洋、新川明、村瀬学、佐藤幹夫ほか執筆。

飢餓陣営編　　Ａ５判上製　定価1600円＋税
